AF226608

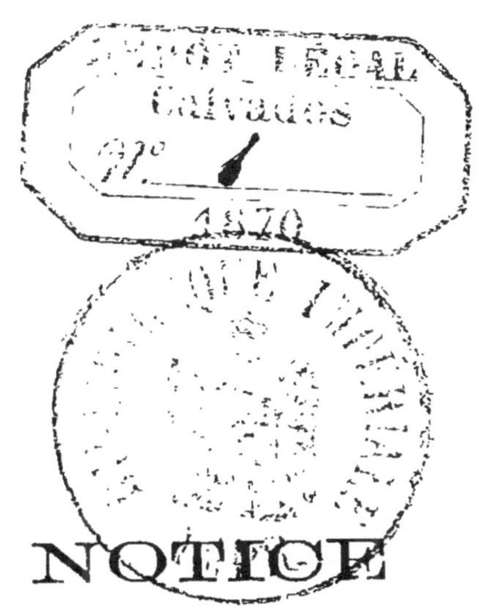

NOTICE

SUR

MARGUERIN DE LA BIGNE

NOTICE

SUR

MARGUERIN DE LA BIGNE

THÉOLOGAL DE BAYEUX

ET GRAND DOYEN DE L'ÉGLISE DU MANS

(1546-1597)

par

LE R. P. DOM PAUL PIOLIN

BÉNÉDICTIN DE LA CONGRÉGATION DE FRANCE

Veritas filia temporis.

CAEN

IMPRIMERIE DE F. LE BLANC-HARDEL

RUE FROIDE, 2

M D CCC LXX

NOTICE

MARGUERIN DE LA BIGNE

Théologal de Bayeux et grand doyen du Mans

(1546-1597)

Veritas filia temporis.

I.

Le XVIe siècle fut l'une des époques les plus fécondes en œuvres importantes d'érudition sacrée et ecclésiastique. Toute une légion d'hommes éminents par l'intelligence, infatigables dans les labeurs de l'esprit, animés d'une foi profonde et éclairée, rivalisèrent d'ardeur pour fouiller le champ immense de l'antiquité chrétienne, et pour en faire sortir des moissons d'une richesse incomparable. Si les novateurs à la suite de Luther et de Calvin s'appliquèrent avec passion à remuer les écrits des

Pères et des écrivains primitifs du Christianisme, dans l'espoir d'y trouver du secours pour leur cause, des docteurs catholiques mirent tous leurs soins à rassembler en faisceaux puissants les témoignages éloquents des siècles les plus reculés, et à faire voir leur concordance parfaite avec ceux des âges plus rapprochés de nous. C'est cette invariabilité du dogme catholique qui fait la force de l'Église et le désespoir de ses ennemis.

Dans la noble phalange des écrivains qui ont des premiers et des plus puissamment contribué à établir l'évidence de cette vérité, Marguerin de La Bigne occupe un rang d'honneur. Ses travaux ont rendu d'inappréciables services à la science, et il a ouvert une voie nouvelle aux défenseurs du dogme catholique. A ce titre seul il meritait de fixer l'attention des historiens de l'Église ; et néanmoins ils ont presque tous passé son nom sous silence. Ellies du Pin lui-même, dans sa *Bibliothèque des auteurs ecclésiastiques du XVIᵉ siècle*, n'en fait aucune mention. De même Bayle, dans son *Dictionnaire historique*, où tant de personnages d'une importance tout-à-fait contestable occupent de longues colonnes, n'a pas même nommé le premier collecteur de la *Bibliothèque des Pères de l'Église*. Le P. Lelong, dans son ouvrage si utile intitulé *Bibliothèque historique de la France* (1), consacre un mot à Marguerin de La Bigne qu'il fait mourir en 1587, dix ans précisément avant la véritable date. Charles Nodier, dans sa *Bibliothèque sacrée*

____

(1) Liv. II, nᵒ 11412

grecque-latine (1) , passe Marguerin de La Bigne sous un silence absolu. Huet , évêque d'Avranches, dans ses *Origines de la ville de Caen* (2) , Beziers, dans son *Histoire sommaire de la ville de Bayeux* (3) , Jean Hermant , dans son *Histoire du diocèse de Bayeux* (4), Moréri , dans son grand *Dictionnaire historique*, le P. Niceron , dans ses *Mémoires pour servir à l'histoire des hommes illustres de la république des lettres* (5), les différentes *Bibliographies universelles* de Ladvocat , de Feller , de Michaud (6) , et la *Biographie générale* de M. Hœfer, publiée par M. Didot, consacrent à Marguerin de La Bigne des articles assez étendus , mais néanmoins incomplets , et contenant d'ailleurs beaucoup d'erreurs. Les pères Richard et Giraud , dans leur *Bibliothèque sacrée*, reproduisent les renseignements qui se trouvent partout (7). M. Édouard Frère lui-même , dans son *Manuel du bibliographe normand* (8), n'a fait que reproduire les données fournies par Huet , et

(1) Paris, 1862, in-8°.

(2) P. 416.

(3) P. 195-197. Cet auteur est très-exact pour les faits qui se rapportent à l'histoire de Bayeux; mais il ne dit presque rien de tout le reste.

(4) P. 441 et 442.

(5) T. XXXII, p. 279-283.

(6) Article de M. Weiss, t. IV, p. 482.

(7) Édit. de 1822, t V, p. 34.

(8) T. I, liv. Ier, p. 106. Rouen, 1857. — Goube, dans son *Histoire du duché de Normandie*, t. III, p. 337, consacre un article à Marguerin de La Bigne, dans lequel se trouvent des recherches exactes avec de graves erreurs.

quelques renseignements assez vagues sur plusieurs parties de la vie de son savant compatriote.

C'est toujours beaucoup mieux que M. Chigouesnel, dans sa *Nouvelle histoire de Bayeux* (1), et que les docteurs Wetzer et Welte , dans leur *Dictionnaire encyclopédique de la théologie catholique*, qui n'ont pas jugé à propos de mentionner un écrivain aussi considérable dans l'histoire des sciences et des lettres ecclésiastiques.

Le P. Pierre Blanchot, minime, dans son *Idea Bibliothecæ universalis*, n'avait point oublié Marguerin de La Bigne ; mais le savant qui nous a révélé ce fait et d'autres également intéressants pour l'histoire littéraire, a cru devoir transformer le prénom de notre docteur en celui de Margarin (2). Cette erreur, probablement typographique, n'est rien auprès de celle commise par un écrivain de nos jours qui se croit appelé à continuer et à réformer l'œuvre des bénédictins de la congrégation de Saint-Maur. M. Fisquet, dans sa *Gaule pontificale*, en la partie consacrée aux évêques de Bayeux et de Lisieux (3), ayant rencontré dans le *Gallia Christiana* le nom du grand doyen du Mans, n'a vu dans ce dignitaire qu'un individu

---

(1) Caen , 1867, grand in-8°.

(2) *Bulletin du bouquiniste,* 11ᵉ année, 2ᵉ semestre, p. 519. — Le rédacteur du précieux *Catalogue de la bibliothèque de M. le comte Charles de L'Escalopier* écrit ordinairement Margarin, p. 169 et 181 ; c'est beaucoup plus conforme au latin ; nous avons cru néanmoins devoir suivre la forme qui paraît universellement adoptée.

(3) P. 88.

sans conséquence , un inconnu sans notoriété quelconque, et il l'a en effet rendu méconnaissable pour qui n'a pas le texte latin sous les yeux, ou ne connaît pas pertinemment l'histoire de Bayeux; car il le désigne tout rondement par ces trois noms Marc Guérin de La Bigne.

L'auteur de l'*Athenæ Normannorum* (1) range Marguerin de La Bigne au nombre des plus belles gloires de sa province ; mais il ne peut lui consa-crer que quelques lignes ; et, n'étant point remonté lui-même aux sources , il répète toutes les notions fausses qui couraient déjà dans les dictionnaires biographiques, « la plus grande pépinière d'erreurs qu'il y ait dans les lettres » (2). Dans la continua-tion du *Gallia Christiana* (3) , M. Barthélemy Hauréau n'hésite pas à assigner au grand doyen du Mans , théologal de Bayeux , une place dis-tinguée parmi les plus doctes écrivains, *Marga-rinus de La Bigne , vel inter doctos summam laudem assecutus.* Les historiens et critiques du XVIe siècle n'ont pas décerné de moindres éloges à l'auteur de la *Bibliothèque des Pères,* ainsi que nous le verrons tout à l'heure.

L'importance des travaux accomplis par Mar-

---

(1) *Athenæ Normannorum , seu syllabus auctorum qui oriundi e Normannia, aut qui Normanniæ convenienter in-serti , quotquot datum fuit colligere ;* auctore R. P. Martin , in-4º 1720. Manuscrit de la bibliothèque de Caen. — Nous devons la connaissance du texte du P. Martin à l'obligeance de M. Julien Travers, le savant bibliothécaire de Caen.

(2) Henri Chardon, *Les Pères Fréart de Chantelou,* p. 4.

(3) T. XIV , col. 430.

guerin de La Bigne, l'oubli des écrivains qui ont
négligé de lui donner une place dans leurs histoires des auteurs ecclésiastiques, et les erreurs de
ceux qui lui ont consacré une mention spéciale,
nous ont persuadé que nous ne perdrions pas notre
temps si, à l'aide des documents manuscrits que
nous avons rencontrés dans les anciennes archives
du chapitre de Saint-Julien du Mans, nous nous
attachions à rectifier les inexactitudes échappées à
nos devanciers, et à compléter une biographie littéraire qui présente plus d'un genre d'intérêt (1).
Nous avons complété les renseignements contenus
dans les registres du chapitre diocésain par l'étude
attentive des ouvrages de Marguerin de La Bigne;
par des notes que nous ont communiquées M. le
comte Louis de La Bigne, M. Faucon, M. Gustave-
René Esnault, et surtout M. G. de Lestang, notre
savant compatriote, toujours disposé à mettre à
notre disposition les trésors de son érudition aussi
sûre qu'étendue (2).

(1) Les registres d'où nous tirons principalement nos renseignements sont ceux côtés B-4 et B-15, in-fol.

(2) Nous avons trouvé des renseignements très-certains sur
les écrits de Marguerin de La Bigne dans un ouvrage malheureusement trop rare; car il est d'une grande utilité pour les
études de patristique; nous voulons parler du livre de Thomas
Sttig intitulé : *D. Thomæ Sttigii De Bibliothecis et catenis
patrum variisque veterum scriptorum ecclesiasticorum collec-
tionibus Basileiensibus, Tigurinis, Parisiensibus, Coloniensibus,
Lugdunensibus, Leidensibus, Ingolstadiensibus, Antverpiensibus,
Romanis, Venetis, Mediolanensis, Moguntinis, Bono-Fontis,
Insulana, Divionensi, Rotomagensi, Tolosana, Londinen-
sibus, Dublinensi, Oxoniensi, Lovaniensibus, Trajectensi,*

II.

La Bigne est un petit village du diocèse de Bayeux et de l'ancien doyenné de Villers-Bocage, qui fait aujourd'hui partie du département du Calvados, arrondissement de Vire, canton d'Aunay-sur-Odon (1). C'est de ce lieu que l'antique famille de La Bigne tire son origine et son nom. Elle était déjà illustre dès le temps de saint Louis, et elle s'est toujours maintenue jusqu'à nos jours dans un rang fort honorable (2).

Genevensibus, etc. Tractatus variis observationibus et animadversionibus refertus. Lipsiæ, sumpt. hæred. Friderici Lankisii, 1707, fort in-12. — Il serait bien à désirer qu'un éditeur intelligent reproduisît cet ouvrage en le complétant pour le mettre d'accord avec l'état actuel des lettres ecclésiastiques.

(1) La commune de La Bigne compte une population de trois cent trente habitants environ. — Il y a dans le même département, dans la commune de Cahagnoles, un hameau nommé aussi La Bigne.

(2) Voici un extrait de la généalogie de cette famille en remontant un peu plus haut que Marguerin-Bertrand qui fut père de Robert Ier. Celui-ci justifia de cinq quartiers de noblesse en 1522.— Robert II, père de Guy et de Marguerin, grand doyen du Mans, celui dont nous parlons. — Guy, père de Jean (sans postérité), de Gilles (sans postérité), d'Adrien. Celui-ci fut père de Bernardin, qui étant devenu veuf entra dans les ordres sacrés, et devint curé de Tessel.—Bernardin était père d'André, mort en 1737.— André fut père de Bernardin-André, marquis de La Bigne, chevalier de St-Louis, maréchal-des-logis des chevau-légers, maréchal-de-camp, sans postérité ; et de Jean-

Durant cette longue série de siècles , cette famille s'est montrée féconde en hommes remarquables qui ont rendu des services à l'Église, à l'État et aux lettres. Nous ne devons en citer qu'un petit nombre pour ne pas nous écarter de notre sujet. Après Jean de La Bigne , seigneur de la

Baptiste-Bertrand , seigneur du Mesnil, chevalier de La Bigne, mort en 1787.—Jean-Baptiste fut père 1° de François-Étienne-Michel , marquis de La Bigne , écuyer-commandant du roi Louis XVI , mort en 1827; 2° de Jean-Bernardin , capitaine au régiment du Cambresis, chevalier de St-Louis ; 3° de Joseph-Michel , 1er capitaine au régiment du Cap, sans postérité ; 4° de Jean-Baptiste , mort à Bayeux , prieur de l'abbaye de St-Nicolas ; 5° de Claude-André-Exupère , écuyer cavalcadour du roi Louis XVI; et de douze autres enfants : en tout dix-sept. — François-Étienne-Michel fut père 1° de Jean-Baptiste-Gabriel-François , marquis de La Bigne , chevalier de St-Louis, de la Légion-d'Honneur et de St-Ferdinand d'Espagne , lieutenant-colonel , démissionnaire en juillet 1830 , mort en 1862 ; 2° de Marie-François-Henri , mort en Russie en 1812 , officier d'artillerie, sans postérité ; 3° de Jean-Baptiste-Étienne, officier de la garde royale , mort en 1849. — Claude-André fut père de M. Louis de La Bigne , qui vit encore ; celui-ci est père de M. Gabriel de La Bigne , qui vit encore.—Jean-Baptiste-Gabriel fut père de 1° M. Gaston , marquis de La Bigne , capitaine de cavalerie ; 2° de M. Louis, comte de La Bigne , officier de cavalerie démissionnaire.— Jean-Baptiste-Étienne de La Bigne a été père 1° de M. Henri de La Bigne , qui est lui-même père de trois garçons encore en bas âge; et 2° de M. Léon de La Bigne. — Les principales alliances de cette famille ont été avec les Payen des Loges, du Parc, de Mésenge, Davy de La Fautrière, de Launay, Le Quesne du Quesnay, Le Prince, de Baudre, de Saint-Denys du Breuil, de la Béraudière, de Bierville, de Goucy, de Sarcé, de Grenonville, etc.

Les armoiries de la famille de La Bigne sont *d'argent à trois roses de gueules 2 et 1.*

paroisse du même nom, lequel, en 1332, rendit au roi Philippe de Valois aveu de son fief de La Bigne, nous trouvons Gace ou Gaston de La Bigne, né vers 1328 dans l'arrondissement de Bayeux. Ayant embrassé l'état ecclésiastique, Gace de La Bigne devint chapelain des rois Philippe de Valois et Jean le Bon. Il partagea la captivité que ce dernier dut subir en Angleterre de 1356 à 1360, à la suite de la bataille de Poitiers. Durant ce long séjour dans la Grande-Bretagne, et sans doute afin de dissiper les ennuis de son triste exil, il composa pour Philippe, duc de Bourgogne, fils du roi Jean, un poëme intitulé : *Le roman des oyseaulx et des chiens*, que l'on cite quelquefois par erreur sous ce titre : *Déduictz de la chasse*. C'est un traité de vénerie et de fauconnerie qui fut très-prisé des contemporains, et qui soutint sa vogue jusqu'au XVIe siècle. Au commencement de ce siècle, il fut réimprimé plusieurs fois ; et Antoine Vérard l'ayant reproduit à la suite du traité sur la chasse de Gaston de Phébus, a donné occasion à plusieurs écrivains d'attribuer ces deux ouvrages à ce dernier seul. Disons toutefois que plusieurs de ces réimpressions ne sont que partielles et ne contiennent que des fragments plus ou moins étendus d'un poëme auquel les écrivains du XVe et du XVIe siècle accordent les plus pompeux éloges (1).

(1) L'abbé de La Rue, *Essais historiques sur les bardes, les jongleurs et les trouvères normands*, t. III, p. 260. — Weiss, *loc. cit.* — Éd. Frère, *loc. cit.* — E. de Manne, *Nouveau dictionnaire des ouvrages anonymes*, 2e éd. 1862, p. 52, n° 630. — Gaucheraud, *Histoire des comtes de Foix*.

Parlant de lui-même, Gace de La Bigne s'exprime en ces termes :

> Le poëte est né de Normandie
> De quatre costés de lignie
> Qui moult ont aimé les oyseaux ;
> De ceux de La Bigne et d'Aigneaux
> Et de Clinchamps et de Buron
> Issit le prestre dont parlon.

Gace de La Bigne fut ensuite chapelain de Charles V, et mourut vers 1380. Une remarquable étude sur ce poëte a été publiée par Lacurne de Sainte-Palaye, dans ses *Mémoires sur l'ancienne chevalerie* (1). On y lit des extraits du poëme des *oyseaulx et des chiens* qui est d'une très-grande rareté, malgré les impressions du XVIe siècle (2). Dans son rare et curieux volume intitulé : *Notes et documents relatifs à Jean, roi de France, et à sa captivité en Angleterre*, M. le duc d'Aumale donne aussi une excellente notice sur Gace de La Bigne et sur le poëme dont il est l'auteur.

Un critique de nos jours s'est demandé si Gace de La Bigne était positivement de la famille à laquelle appartenait Marguerin, grand doyen du Mans. Il s'appuie sur ce fait incontestable que le poëte signait de La Buigne, et non de La Bigne. La preuve s'en trouve au cabinet des titres de la

---

(1) Édit. 1829, t. II, p. 290, 291 et 408.

(2) On n'en trouve que deux exemplaires dans les bibliothèques de Paris ; et ce qui prouve que l'abbé de La Rue le cite sans l'avoir vu en entier, c'est qu'il rapporte les vers transcrits plus haut comme étant d'un trouvère innommé.

bibliothèque de la rue Richelieu (1). Là on peut voir deux quittances souscrites de la main du trouvère en sa qualité de « premier chapelain du roi » : l'une datée du 14 janvier 1350, l'autre du 23 février 1379. A la seconde quittance est apposé son sceau en cire rouge, qui se compose d'une fasce chargée d'une étoile et accompagnée de trois besants ou tourteaux. Une troisième quittance des clercs de la chapelle du roi, du 14 janvier 1350, fut donnée « soubs le scel de Mgr Gace de La Buigne. » Mais on sait que cette variation dans l'orthographe d'un nom propre ne doit pas être regardée comme un fait unique, pas même comme un fait rare. Elle ne peut rien prouver contre l'accord des écrivains normands, contre les traditions de la famille, et, disons-le, contre le témoignage de Gace lui-même. Dans les vers cités plus haut, en effet, il ne se contente pas de citer la Bigne, unique paroisse de ce nom en Normandie, mais il y joint le nom de Buron. Or, il y a, à un kilomètre de La Bigne et presque en face de l'ancien château des seigneurs de ce lieu, un bois taillis d'une contenance d'environ deux cents hectares, qui se nomme le bois du Buron. Il est donc évident que Gace était né à La Bigne.

Cette famille a fourni d'autres hommes qui se sont acquis une certaine célébrité : André de La Bigne, orateur du roi Charles VIII, secrétaire d'Anne de Bretagne, qui publia divers ouvrages, entre autres *Le verger d'honneur*, imprimé en 1495

---

(1) Titres scellés, sous le nom de La Buigne.

aux frais du libraire Treperel (1) ; Nicolas de La Bigne, panetier du Dauphin, et grand maître des eaux et forêts de Normandie, en 1405 ; Marguerin de La Bigne, premier du nom, né à Vire vers 1450, recteur de l'université de Caen en 1493 et 1494. Le cardinal de Prie, évêque de Bayeux, l'appela auprès de lui en 1505, le nomma chanoine de sa cathédrale, et lui donna les prébendes d'Amayé et de Grésy, à charge de professer la théologie dans la cathédrale. Il possédait de plus les cures de Rully (2) et de Tallevende-le-Grand (3), et mourut en 1523. Marguerin de La Bigne, deuxième du nom, seigneur de Lambosne, n'étant encore que simple clerc, prit une collation du vicaire général de l'évêque de Bayeux, le 1er décembre 1523, pour le canonicat de Grésy, que son oncle, Marguerin Ier, lui avait résigné. Il devint ensuite docteur de Sorbonne, official de Bayeux, abbé commendataire d'Ardennes, et enfin chanoine de Mathieu en 1546. Il mourut le 7 décembre 1558 (4).

A ces personnages, mentionnés par les biographes antérieurs, nous ajouterons Philippe de La Bigne, prieur de l'abbaye de St-Étienne de Caen, en 1366 ; Jacques de La Bigne, qui se fit remarquer durant

(1) *École de la chasse aux chiens courants*, par Le Verrier de la Conterie, Rouen, 1763.

(2) Rully, commune du canton du Calvados, arrondissement de Vire.

(3) Tallevende-le-Grand est situé dans les mêmes circonscriptions.

(4) *Gallia christiana*, t XI, col. 189. D. — Frère, *loc. cit.*

les guerres de religion, et qui avait pris parti dans les rangs des Huguenots (1) ; enfin dom Adrien de La Bigne, né en 1602, bénédictin de la congrégation de St-Maur, et auteur d'une *Histoire de l'abbaye de St-Vincent de Laon* et d'une *Histoire de l'abbaye de St-Thierry-les-Reims*, écrites en latin en 1649 et années suivantes. Elles n'ont pas été imprimées : car le but de l'auteur était de travailler pour la grande collection projetée par les religieux de St-Maur, et qui devait paraître sous le titre de *Monasticon gallicanum*. Plusieurs copies manuscrites sont conservées dans la bibliothèque de la rue Richelieu (2).

Marguerin de La Bigne, troisième du nom, celui dont nous allons nous occuper, n'hérita pas d'un sang moins illustre du côté de sa mère que du côté de son père. Elle se nommait Françoise du Parc, et était fille elle-même de Bertrand du Parc, seigneur de Bernières, de Brucourt, de Chesnes-Dolé, des Crenets et de Beaumanoir. Ce seigneur avait épousé demoiselle Regner des Escottais, dame d'Ingrandes. Ainsi cette maison se trouvait puissamment établie tant en Normandie que dans le Maine et l'Anjou (3). Deux membres

---

(1) Régnier de la Planche, *Commentarium*, etc., p. 217. — *Mémoires de Condé*, t. I, p. 324. — *Collection universelle des mémoires sur l'histoire de France*, t. XXXI, p. 447. — *Mémoires du prince de Condé*, année 1561, éd. Michaud, p. 595 et passim.

(2) Résidu St-Germain, nᵒˢ 1042 et 1049.

(3) La famille du Parc, de Normandie, porte d'or à deux fasces d'azur, accompagnées de neuf merlettes de gueules, posées 4, 3, 2.

de cette noble famille occupèrent dans la ville du Mans une prélature importante sur la fin du XVe siècle et durant la premiere moitié du siècle suivant ; ils se nommaient tous les deux Guy, et ils gouvernèrent l'abbaye de Beaulieu de 1481, au plus tard, à 1508, et de 1537 à 1568. L'un de ces prélats jouissait d'une grande considération dans la capitale de la province, ainsi qu'on le voit par les délibérations de l'Hôtel-de-Ville de l'année 1568 (1). Nous n'avons que peu de renseignements sur le premier de ces abbés ; mais tout porte à croire qu'il n'avait pas moins d'influence dans la ville du Mans. Un troisième membre de cette famille, François du Parc, obtint la dignité de grand doyen de l'Église du Mans, et mérita en outre une considération universelle par ses vertus et ses lumières.

III.

Marguerin de La Bigne, troisième du nom, naquit en 1546, l'année même de la mort de Luther

---

(1) Nous ne pouvons partager l'opinion de l'auteur du *Supplément à l'Armorial de l'ancien diocèse du Mans*, p. 278. Cet écrivain pense que Guy II, abbé de Beaulieu, était de la famille du Parc, de Bretagne ; mais Marguerin de La Bigne, dans l'épître dédicatoire par laquelle il offre son livre de *Supplément à la bibliothèque des Pères* à son oncle le grand doyen du Mans, dit que l'abbé de Beaulieu était aussi son oncle : ce qui prouve évidemment que ce prélat était de la famille du Parc d'Anjou.

dont il devait toute sa vie combattre les doctrines fausses et subversives. Hermant, dans son *Histoire du diocèse de Bayeux* (1), prétend que notre futur docteur vit le jour à Bernières-le-Patry, au doyenné de Vire, où était situé le fief de La Rochelle, propriété appartenant à son père; mais ce sentiment paraît peu probable. Hermant n'est pas en général une autorité très-sûre, et en ce point il se trouve en contradiction formelle avec les titres de la famille, avec La Croix du Maine (2), auteur contemporain, avec Moréri et avec Beziers (3). Celui-ci écrivait d'après les registres du secrétariat de l'évêché, et il dit sur ce sujet : « Sa mère..... étant venue passer quelque temps chez son beau-frère l'official de Bayeux, y accoucha de ce fils, auquel il servit de parrain, et lui donna son nom au baptéme. » Ce témoignage est positif et d'un auteur bien informé (4).

Marguerin de La Bigne nous apprend lui-même quelles pieuses influences environnèrent ses premières années : son père, Robert de La Bigne, seigneur de Lambosne et de La Rochelle, se distinguait parmi toute la noblesse de son temps par une ardente piété, traditionnelle dans sa famille, et par un goût prononcé pour l'étude de la philo-

(1) P. 441.

(2) *Bibliothèque française*, p. 307.

(3) *Histoire sommaire de la ville de Bayeux*, p. 195.

(4) M. Boisard dans ses *Notices sur les hommes illustres du Calvados*, et Théodore Lebréton, dans sa *Biographie normande*, disent que Marguerin de La Bigne était né à Bayeux ou à Bernières-le-Patry.

sophie et de l'histoire sacrée (1). Ses oncles, l'un abbé de Beaulieu au Mans, l'autre abbé d'Ardenne près de Caen, et le troisième grand doyen du Mans, étaient des prêtres d'une vie exemplaire et les modèles du clergé, qui les vénérait, moins encore pour leurs dignités que pour leurs vertus éminentes.

Envoyé de bonne heure à Caen, il y fit ses premières études et y obtint de brillants succès ; mais son génie se développa plus encore dans l'Université de Paris, où il ne tarda pas à se rendre (2). Dès le 16 décembre de l'année 1566, à l'âge d'environ vingt ans, étant encore dans la faculté des arts, il fut élu recteur de l'Université (3). On sait combien étaient étendues les prérogatives du recteur de l'Université de Paris (4). Outre des avantages honorifiques fort prisés, il était chargé de protéger et de défendre les droits et les prérogatives du corps contre toute entreprise qui pouvait les menacer. Au moment où Marguerin de La

(1) Supra Galliæ nobilitatis ingenium, pietatis avitæ, philosophiæque et historiæ sacræ studiosissimus. *Épître dédicatoire* en tête du supplément à la *Bibliothèque des Pères*.

(2) Hermant s'est certainement trompé en affirmant que Marguerin III de La Bigne fut recteur de l'Université de Caen ; il le confond avec Marguerin Ier. Celui-ci jouit incontestablement de cette dignité.

(3) Suivant Goube, *Histoire du duché de Normandie*, t. III, p. 337, Marguerin de La Bigne fut reçu de la Société de Sorbonne en 1565, et prieur de la même maison en 1567. Il pouvait être en même temps recteur de l'Université, comme le racontent tous les autres historiens.

(4) V. Pasquier, *Recherches de la France*, liv. IX, chap. XXIII.

Bigne reçut ce titre, l'Université se croyait attaquée dans ses priviléges les plus essentiels par l'introduction des jésuites dans son sein. Voyant son existence même menacée, la fille aînée des rois de France remua tout pour perdre ses rivaux. Il y eut à cette occasion des débats mémorables dans lesquels notre jeune recteur remplit un rôle important.

Ce qui troublait surtout le sommeil des tuteurs officiels ou bénévoles de l'enseignement universitaire, c'était le succès qu'obtenaient deux jésuites d'un talent supérieur, le P. Maldonat et le P. Perpinien, dont les leçons réunissaient chaque jour au collége de Clermont un des plus nombreux et des plus brillants auditoires qu'on eût jamais vus dans Paris. Les adversaires du collége fondé par Guillaume du Prat, importunés de la considération que des maîtres aussi distingués assuraient à cet établissement, tentèrent tous les moyens pour le détruire ; mais hors d'état de lutter contre une si importante réputation, ils se contentèrent d'exhaler leur ressentiment au sein de leurs assemblées, jusqu'à ce que des temps plus favorables leur permissent d'exécuter les projets arrêtés dans leurs délibérations. Ce moment appelé par tant de vœux sembla arrivé, lorsque Marguerin de La Bigne fut élevé au rectorat. Deux jours après sa promotion, il fut saisi de la cause des jésuites, et chargé de la poursuivre avec activité. En conséquence, il tint sur ce sujet plusieurs réunions, où l'on se borna à de pures déclamations contre ces religieux. Enfin, dans l'assemblée du 11 janvier

1567, on arrêta qu'il serait défendu aux élèves
de fréquenter le collége de Clermont. Cette attaque
obtint le succès que tant d'autres ont obtenu contre
un corps que l'Église aime et favorise ; elle lui
procura un nouveau triomphe ; car les élèves ne
furent ni moins nombreux ni moins assidus aux
leçons des jésuites. Pour se consoler de cet échec,
une certaine cabale ménagea une ovation scanda-
leuse à Simon Simoni. Échappé de Lucques, sa
patrie, Simoni s'était fait calviniste à Genève,
luthérien à Heidelberg et à Leipsick, catholique à
Prague, athée partout ailleurs. Ce fut cet apostat va-
gabond que l'on appela pour faire au Collége Royal,
sans titres et contre les usages, des leçons de philo-
sophie, ou plutôt d'hérésie, devant un nombreux
auditoire. La Faculté de théologie elle-même et
son recteur supportèrent patiemment un enseignement qui humiliait la cause catholique, donnant
ainsi une nouvelle preuve de l'aveuglement dans
lequel entraîne presque toujours la passion de la
rivalité.

Quant à Marguerin de La Bigne, on ne voit
pas qu'il soit entré plus avant dans cette querelle,
à laquelle il avait eu le malheur d'attacher son
nom. Il fit mieux : il se livra tout entier à des
études sérieuses pour lesquelles il avait reçu d'heu-
reuses dispositions. Il obtint bientôt après le bonnet
de docteur en Sorbonne, et commença à préparer
le grand monument littéraire qui a rendu son nom
impérissable. Avec ses talents, et surtout sa naissance, notre docteur ne pouvait manquer de voir
s'ouvrir pour lui la carrière des bénéfices. Il n'avait

pas encore vingt ans, lorsqu'il fut nommé au canonicat de Pouligny (*de Polineio*), en l'Église de Bayeux, et à la cure d'Athis, près de Caen. Il se démit bientôt après de ces deux bénéfices en faveur de Guillaume le Liepvre, qui reçut le visa de l'un et de l'autre à l'évêché, le 12 avril 1566 (1). Mais cette résignation se fit-elle sans aucune compensation ? En considérant les abus qui régnaient alors, et aussi le caractère propre des personnages, nous pouvons affirmer que cette hypothèse n'est pas la plus vraisemblable. Quoi qu'il en soit, Marguerin de La Bigne fut pourvu peu de temps après de la cure de Neuville, au doyenné de Vire. En cette qualité, il fut appelé à l'une de ces assemblées dans lesquelles se réunissaient tous les curés et tous les clercs d'une circonscription déterminée, pour traiter ensemble des devoirs de leur état et des moyens d'en assurer l'observation. Comme ces réunions avaient lieu au commencement de chaque mois, elles sont connues dans le droit canonique sous le nom de calendes. Celle à laquelle fut convoqué Marguerin de La Bigne eut lieu dans la ville de Vire en 1566, et fut présidée par l'évêque de Bayeux en personne. Marguerin de La Bigne ne comparut point à l'assemblée, et c'est à l'occasion des procédures auxquelles son absence donna lieu que ce fait a été constaté. Il est certain du moins qu'il pouvait alléguer des raisons canoniques; car il était retenu à Paris pour y poursuivre ses

(1) Beziers, *loc. cit.*, p. 195.—Faucon, *Essai historique sur le prieuré de St-Vigor-le-Grand*, p. 36.

études qui lui permirent de recevoir le titre de docteur en 1572. Aussi l'incident dont nous parlons n'eut-il aucune suite fâcheuse.

Aussitôt après avoir été élevé au titre de docteur, il se mit à prêcher dans les églises de Paris. Les succès qu'obtint sa parole fixèrent sur lui l'attention des hommes les plus éclairés de l'époque, et même des chefs de la hiérarchie sacerdotale. Il pouvait être appelé dans quelque diocèse étranger ; aussi Bernardin de Saint-François, très-peu de temps après être monté sur le siége de Saint-Exupère, se hâta de l'attacher à l'Église de Bayeux en lui faisant accepter l'office de pénitentier et un canonicat, en 1576 (1). Dès lors par sa science, son éloquence et la fermeté de son caractère, Marguerin de La Bigne était considéré à juste titre comme l'un des représentants les plus dignes et les plus considérables du clergé du diocèse de Bayeux. Aussi, dès la même année, les chanoines ses confrères le nommèrent leur député aux états généraux qui se tinrent à Blois, et où l'élite de tout ce que la France renfermait d'esprits les plus élevés sous le rapport du talent et du caractère se trouva réunie. Au milieu d'une si imposante assemblée, Marguerin de La Bigne sut se faire remarquer par sa connaissance des matières ecclésiastiques et par son langage ferme et élégant ; et La Monnoye assure qu'il « se fit beaucoup d'honneur »

(1) *Gallia christiana*, t. XI, col. 389.—J. Hermant, *Histoire du diocèse de Bayeux*, p. 420.—Beziers, *Histoire sommaire de Bayeux*, p. 195.

par la manière dont il traita les questions les plus ardues et les plus délicates (1).

L'occasion se présenta bientôt pour les chanoines de Bayeux de donner à leur jeune collègue une marque nouvelle et éclatante de leur estime et de la confiance qu'ils avaient placée en lui. Ils eurent même la joie de voir leur sentiment partagé par toute la province ecclésiastique de Rouen , qui choisit aussi Marguerin de La Bigne pour l'un de ses quatre représentants du second ordre à l'assemblée générale du clergé convoquée en 1579. On sait que ces assises du clergé de France furent réunies d'abord à Melun, dont elles portent encore le nom , et qu'elles furent ensuite transférées à Paris. Parmi les anciennes assemblées du corps ecclésiastique du royaume, il y en a peu d'aussi célèbres que celle de 1579. L'importance des questions qui y furent traitées, et la valeur des personnages qui y prirent place , contribuèrent à l'élever à un rang exceptionnel. Marguerin de La Bigne y remplit un rôle considérable ; il parla plusieurs fois dans les séances publiques, et il fut désigné par le suffrage de ses collègues pour remplir plus d'une mission honorable. Le 13 janvier 1580, entre autres , l'évêque de Bazas rapporta à l'assemblée que l'avocat du roi , qui était le fameux jurisconsulte Barnabé Brisson , avait pris de lui-même l'initiative d'une démarche très-importante pour le bien de la religion ; il avait engagé plusieurs membres du corps ecclésiastique , tant du premier

(1) *Remarques sur la Bibliothèque françoise de La Croix du Maine.*

que du second ordre, à s'entendre pour porter le con-
grès à rétablir par son autorité le service divin en
plusieurs sanctuaires où il avait été interrompu ou
négligé depuis longtemps. Il offrait l'appui de son
autorité personnelle, et il se proposait d'intéresser
le roi à cette œuvre éminemment catholique. Sai-
sissant avidement une occasion aussi favorable,
l'assemblée désigna les évêques de Bazas et de
Noyon, l'abbé de Cîteaux, Marguerin de La Bigne
et le doyen de Sens pour aller offrir ses remer-
cîments à l'avocat du roi, le féliciter du zèle qu'il
montrait pour les intérêts du service divin, et se
concerter avec lui sur les moyens à prendre pour
conduire à un heureux résultat un projet si digne
de toutes les sympathies (1).

La même année Marguerin de La Bigne passa
de l'office de pénitencier à la dignité de scolastique de l'Église de Bayeux. En tous les temps le
scolastique est chargé de veiller sur l'enseignement
du clergé ; à la fin du XVIe siècle cette dignité
imposait un soin très-laborieux et très-étendu ;
car l'erreur cherchait à s'insinuer dans le camp
catholique sous tous les déguisements et par tous
les moyens ; mais Marguerin de La Bigne était
parfaitement préparé pour déjouer toutes les ruses

(1) Procès-verbaux de l'assemblée du clergé tenue à Melun
en 1579 et 1580. Manuscrit de la bibliothèque de Châlons-sur-
Marne, fol. 209.—Les procès-verbaux imprimés, t. I, p. 134,
édit. in-f°, parlent bien du message de l'avocat du roi Brisson,
mais ne nomment pas les députés qui lui furent envoyés. On
trouve seulement dans l'imprimé, p. 116, le nom de Marguerin
de La Bigne parmi les représentants de la province de Rouen.

de l'ennemi par sa connaissance approfondie de la théologie et son talent de parole.

Les chanoines de Bayeux ayant été satisfaits de la manière dont Marguerin de La Bigne s'était acquitté de son mandat aux États de Blois et à l'assemblée de Melun, lui donnèrent encore leurs voix dans une circonstance non moins importante; ils le nommèrent leur représentant au concile provincial convoqué à Rouen en 1581, par le cardinal Charles de Bourbon (1). Avant de se rendre à cette dernière assemblée, le scolastique de Bayeux alla passer quelque temps à Paris, où l'appelaient les travaux littéraires qu'il poursuivait en même temps que d'autres affaires pour le bien de l'Église.

Jusqu'à cette époque, il s'était tenu renfermé dans ses études, et n'avait point manifesté bien clairement ses opinions au milieu des troubles qui divisaient l'Église et l'État. Louerons-nous cette abstention peut-être un peu égoïste? Dieu nous en préserve! Dans les dangers de la patrie, et surtout d'une patrie plus chère et plus élevée encore que la patrie terrestre, dans les périls de l'Église, tout homme intelligent doit accourir au secours, et se ranger franchement sous le drapeau qui lui paraît offrir le plus de garanties à la cause sainte. Marguerin de La Bigne ne partageait pas entièrement cette manière de voir. Il nous raconte lui-même comment il se trouva en 1580 dans la nécessité de manifester ses sentiments sur la situa-

(1) Labbe, *Concilia*, t. XV, col. 820-884.—D. Pommeray, *Concilia Rothomagensia*, fol. 403 et 404.— Hermant, *loc. cit.*, p. 442.—Beziers, *loc. cit.*, p. 196.

tion de l'État. Il s'était rendu à Paris, comme on vient de le voir, pour se disposer au concile de Rouen, qui devait bientôt s'ouvrir. Dès qu'il fut arrivé dans la capitale, il se vit environné de tous ses amis et de tous ceux que sa réputation avait portés à mettre en lui leur confiance pour la défense des intérêts de l'Église. Ils le suppliaient avec instance d'appuyer dans le concile prochain la requête que le clergé de France ne cessait d'adresser au roi depuis longtemps déjà, et qu'il avait surtout formulée très-clairement dans les derniers États de Blois. Elle se réduisait à trois points : que le concile de Trente fût promulgué dans le royaume ; que le choix des évêques et des abbés fût laissé aux chapitres et aux religieux ; ce qui emportait l'abolition de la commende, cause de la ruine de l'état monastique ; et enfin que les biens du clergé ne fussent plus envahis par les magistrats sous le prétexte des besoins de l'État. A toutes les époques, avant sa spoliation, l'Église a largement contribué à soulager les nécessités des gouvernements ; mais elle a toujours maintenu son droit de s'imposer librement. A l'époque dont il s'agit, sous le prétexte que le roi avait à soutenir la guerre dans. l'intérêt du catholicisme, on fit peser sur les biens ecclésiastiques tous les frais nécessaires pour l'entretien et l'armement des troupes ; et il fallut vendre une partie considérable des propriétés qui composaient le domaine du premier ordre de l'État. Ce fut une des causes les plus vivement agitées dans l'assemblée de Melun ; les prélats et les prêtres délégués n'étaient pas seuls à s'opposer aux mesures prises par la cour, et les esprits sages de tous les rangs en signalaient les dangers. Les amis de Marguerin de La Bigne demandaient encore le châtiment des hommes de sang qui avaient excité les troubles précédents et ne cessaient de se souiller de toutes sortes de crimes.

Pour lui, il se montra peu disposé à entrer dans leurs vues : il leur répondit que les rênes de l'État étaient entre les mains d'un roi qui ne portait pas seulement le titre de très-chrétien, mais qui l'était en effet, et qui se montrait constamment rempli de piété ; qu'il fallait s'en remettre à sa sagesse ; que ce monarque publierait un édit pour rétablir l'ordre dans le royaume ; et que si ce moyen. ne guérissait pas le mal, il n'y voyait aucun remède. L'homme qui parlait ainsi en 1580, sous le règne de Henri III, ne connaissait guère ses contemporains, et n'avait pas su profiter des leçons de l'histoire. Après avoir rompu par cette réponse avec un parti qu'il regardait comme emporté par un zèle trop inconsidéré, il se mit à chercher dans une étude assidue une distraction aux tristes préoccupations qui l'assiégeaient, et même un refuge pour le cas où des malheurs prévus viendraient à éclater. Ses travaux du reste étaient d'une importance majeure ; car il continuait à réunir les monuments sur lesquels s'appuie la tradition catholique, et à les mettre en lumière. A l'époque dont nous parlons, il recueillit les œuvres de saint Isidore de Séville, et les publia en un volume in-folio. Voici le titre entier de cet ouvrage : *Sancti Isidori Hispalensis episcopi opera omnia quæ exstant, partim aliquando virorum doctissimorum laboribus edita, partim nunc primum exscripta et castigata, per Margarinum de La Bigne, theologum doctorem parisiensem.* Parisiis apud Michaelem Sonnium, via Jacobæa, sub scuto Basiliensi, MDLXXX.

C'est la première édition complète des œuvres du plus illustre docteur de l'Église au VIIᵉ siècle. Il est bien vrai que Joseph Rodriez de Castro (1) cite une autre édition des œuvres complètes du grand évêque de Séville, publiée à Bâle en 1477 et formant un volume in-folio. Mais il est certain que cette indication est fausse, et, comme le fait observer Faustin Arevalo, l'auteur de la bibliothèque d'Espagne a pris pour une édition de tous les ouvrages de saint Isidore la publication des *Étymologies* mentionnée par Maittaire (2). Il faut donc laisser à Marguerin de La Bigne l'honneur d'avoir le premier réuni en un corps les œuvres du grand docteur de l'Église d'Espagne. Jean Grial (3), Jacques du Breul, moine de Saint-Germain-des-Prés (4), et les autres savants qui ont consacré depuis leurs veilles à revoir et rééditer les œuvres de saint Isidore, jusqu'à Faustin Arevalo, qui a donné une édition que l'on peut regarder comme

(1) *Bibliotheca Hispana*, t. II, p. 334.
(2) *Annales typographici*, ad an. 1477.
(3) Madrid, 1597-1599. 1 vol. in-fº.
(4) Paris, 1602. 1 vol. in-fº.—Réimprimé à Cologne en 1617, 1 vol. in-fº.

définitive (1), louent tous la sagacité et le travail avec lesquels Marguerin de La Bigne éclaircit plusieurs passages obscurs et rétablit les textes corrompus qu'il avait sous la main. Il est certain néanmoins que le travail de notre docteur était imparfait sous plusieurs aspects; il contient, il est vrai, plusieurs ouvrages de l'évêque de Séville qui n'avaient jamais été publiés, mais plusieurs sont annoncés comme inédits, quoiqu'ils eussent été déjà imprimés, au moins une fois; puis Marguerin de La Bigne n'avait pas connu les manuscrits les plus importants des bibliothèques de Paris, qui pouvaient lui offrir des leçons plus correctes; il n'avait pas enfin retrouvé des ouvrages entiers de saint Isidore que les éditeurs plus récents ont découverts dans les bibliothèques d'Espagne, et surtout de Rome.

Marguerin de La Bigne reçut de plusieurs amis la communication de manuscrits qui lui furent d'une grande utilité pour son travail. Ces amis occupaient une place importante dans le monde lettré, et même dans la plus haute société. C'étaient Jean de Saint-André, doyen de Carcassonne (2); Pierre Daniel, d'Orléans, possesseur d'une des plus riches bibliothèques de l'époque, et le célèbre Barnabé Brisson, alors avocat du roi, comme on l'a vu plus haut, et

(1) Rome, 1797-1803, en sept volumes in-4°.—Cette édition a été reproduite par Migne, en 1850, en quatre vol. in-8°, avec l'addition de quelques pièces nouvelles.

(2) Il ne s'agit pas ici probablement du doyen du chapitre diocésain ; car on trouve un personnage différent indiqué dans le *Gallia christiana*, t. VI, col. 932.

devenu peu après président à mortier. Propriétaire d'une belle collection d'anciens manuscrits, ce fameux jurisconsulte se plaisait à en faire jouir tous ses amis , et Marguerin de La Bigne qui avait avec lui plusieurs points d'affinité, usait, paraît-il, largement de cette générosité littéraire.

Dom Jacques Du Breul nous apprend par quel concours de circonstances Marguerin de La Bigne ne put pas donner à son travail toute la perfection qu'il était capable d'y mettre (1). Notre docteur était déjà député à l'assemblée du clergé qui se réunit en mai 1579 dans l'abbaye de Saint-Germain-des-Prés , lorsque Michel Sonnius vint lui proposer de donner une édition complète des œuvres de saint Isidore. Loin d'être effrayé d'une pareille tâche , Marguerin de La Bigne saisit avidement le projet qui lui était présenté; mais les travaux de l'assemblée se prolongèrent beaucoup plus longtemps qu'il ne l'avait pensé, et en outre il fut chargé d'une mission très-importante de compagnie avec Marianus de Martimbos, abbé de St-Michel-en-l'Erm, et d'autres travaux encore que ses talents lui firent confier par les prélats. Il travaillait durant ce temps à sa révision et à sa recherche des œuvres du Docteur de Séville; et la presse reproduisait ses éculubrations avec une rapidité surprenante. De là des imperfections inévitables dans un labeur aussi précipité. On y reconnaissait néanmoins tellement les qualités essentielles de ce genre de travail, que Michel Sonnius fils s'adressa de nouveau à Mar-

____

(1) *R. in Christo patri ac domino D. Mariano de Martimbos* Jacobus du Breul.

guerin de La Bigne pour une entreprise littéraire beaucoup plus importante encore.

Lorsqu'il eut terminé son ouvrage, Marguerin de La Bigne le dédia à son oncle maternel, François du Parc, protonotaire apostolique et grand doyen de l'Église du Mans (1). Dans une épître dédicatoire qui est fort belle, il nous apprend beaucoup de particularités sur lui, sur le travail auquel il s'est livré, et montre une affection et un respect profonds pour son vénérable parent.

Peu de temps après la publication de cet important ouvrage et de cette espèce de manifeste, Marguerin de La Bigne contracta des liens étroits avec l'Église du Mans. Son oncle, François du Parc, tomba dangereusement malade dès les premiers jours de janvier de l'année 1581 ; et le 13 du même mois, il se démit de son décanat en faveur de son neveu. Les chanoines agréèrent la démission, et élurent, selon leur droit, Marguerin de La Bigne pour leur doyen (2). Quatre jours après, François du Parc mourut, en odeur de sainteté, dit l'auteur

(1) *R. in Christo patri, ac DD. Francisco Parcensi, S. S. apostolicæ protonotario, Cenomanisensis Ecclesiæ decano maximo, et domino in Chemiray, avunculo chariss., Margarinus de La Bigne, sacræ theologiæ doctor, gratiam in Christo et pacem.*—Chemiray, probablement Chemiré-sur-Sarthe, département de Maine-et-Loire, arrondissement de Segré.

(2) A toutes les époques, la dignité de doyen dans l'Église du Mans a été conférée par les suffrages des chanoines. L'antériorité dans le canonicat n'y donnait aucun droit, tellement que très-souvent le doyen n'était pas même chanoine ; et c'est ce qui eut lieu pour Marguerin de La Bigne. (Voir notre *Histoire de l'Église du Mans,* passim.)

de l'*Armorial du Maine*. Il est certain du moins que son neveu dans le portrait qu'il nous a laissé de ce haut dignitaire le présente comme un modèle achevé de la vie cléricale et le digne chef de toute la tribu lévitique du diocèse du Mans. Il laissait au chapitre une somme de douze cents livres, pour fonder son anniversaire. De La Bigne ne put se rendre au Mans immédiatement, obligé qu'il était de se trouver à Rouen pour représenter le chapitre de Bayeux au concile provincial qui s'ouvrit le dimanche 23 avril de la même année (1).

Notre doyen joua un rôle important dans cette assemblée, l'une des plus célèbres du temps ; mais il y rencontra aussi les orages qu'il avait espéré éviter en se renfermant dans ses études solitaires. Il y soutint avec vigueur les prérogatives du chapitre de Bayeux contre l'évêque diocésain, Bernardin de Saint-François (2). Irrité d'une opposition aussi

(1) Labbe, *Concilia*, t. XV, col. 820-884.

(2) « Bernardin de Saint-François, gentilhomme du Maine, premièrement conseiller d'église à Paris, depuis Maître des Requestes de l'hostel du roy, abbé de Fontaine-Daniel au Maine, prieur de Grandmont (diocèse du Mans) et enfin évesque de Baïeux en Normandie. Il estoit fort docte en grec, en latin et en françois. Il a escrit plusieurs poësies françoises, non encore imprimées. Il fut député par les Estats de Normandie aux Estats tenus à Blois sous Henri III... Il mourut au Maine l'an 1582, en juillet, âgé de cinquante-trois ans, ou environ. Il se voit quelques sonnets de luy, avec les *Amours de Francine*, escrits par J. Antoine de Baïf. » Tels sont les renseignements que nous fournit La Croix du Maine sur Bernardin de St-François. Nous nous contenterons d'ajouter qu'il jouit de la dignité de doyen de l'Église du Mans, du 31 octobre 1559 au 24 janvier 1560 ; et alors il devint grand archidiacre. Il n'eut pas seule-

ferme, le prélat conçut pour le mandataire des chanoines de sa cathédrale des sentiments d'antipathie,
qui se manifestèrent surtout par un long procès
qu'il lui suscita peu de temps après. On ne nous
dit pas quel était l'objet de ce procès ; mais il est
très-probable que Bernardin de Saint-François in-
quiétait notre doyen au sujet du grand nombre de
bénéfices que celui-ci possédait simultanément. Quoi
qu'il en soit, Marguerin de La Bigne se vit cité
à comparaître devant Antoine Gayant, official de
Bayeux. Il put espérer un moment que la mort de
Bernardin de Saint-François, arrivée le 14 juillet
1582, allait lui rendre la paix ; mais il n'en fut
rien, et le procès fut repris avec une vigueur nouvelle par Mathurin de Savonnières, clerc du diocèse
d'Angers, qui fut appelé peu de temps après au
siége épiscopal de Bayeux (1). Voyant que le nou-

ment la réputation d'un homme savant et d'un poète élégant,
mais il fut encore reconnu pour l'un des grands prédicateurs
de son temps. Comme évêque de Bayeux, il travailla beaucoup
pour réparer les ravages des religionnaires, soutint les droits de
son siége contre l'évêque de Séez, s'opposa aux seigneurs qui
envahissaient les biens de son évêché, et donna une somme
considérable pour bâtir le collége de Bayeux. Ses cendres re-
posent avec celles de ses ancêtres dans l'église de Marigné, au
canton d'Ecommoy, arrondissement du Mans, département de la
Sarthe.—Le Corvaisier, *Histoire des évêques du Mans*, p. 850.
—*Gallia christiana*, t. XI, col. 389.—Hermant, *Histoire du
diocèse de Bayeux*, p. 419.—Cauvin. *Géographie ancienne du
diocèse du Mans*, p. 164.—Hauréau, *Histoire littéraire du
Maine*, t IV, p. 197.— Dom Piolin, *Histoire de l'Église du
Mans*, t. V, p. 489.

(1) Mathurin de Savonnières, fils de Jean de Savonnières,
seigneur de La Bretèche, et d'Ève de Mathefelon, était né au

veau prélat n'était pas disposé à le traiter avec plus de ménagement que son prédécesseur, et craignant surtout, dit-on, d'être détourné de ses grandes entreprises littéraires, Marguerin de La Bigne prit le parti fort sage de se retirer. « J'ignore, dit Beziers, d'où Hermant a tiré cette anecdote ; mais je vois par les registres du secrétariat de l'évêché, que Marguerin de La Bigne résigna sa scolastique à Michel Tessard, docteur de Sorbonne, lequel en fut pourvu par un visa du 25 juillet 1588. »

Malgré cette rupture apparente avec l'Église de Bayeux, notre savant docteur ne laissa pas de reparaître de temps à autres dans le pays Bessin, et d'y demeurer assez longtemps, soit à raison des liens de parenté qui l'unissaient à beaucoup de familles des plus haut placées de la province, soit, ce qui est plus vraisemblable, à raison de quelque nouveau bénéfice qu'il avait reçu après la mort de Mathurin de Savonnières, sous le cardinal Charles de Bourbon ou son successeur René de Daillon du Lude. Il fallait évidemment qu'il fût l'un des principaux personnages de l'Église et de la cité de Bayeux en 1591, puisqu'il fut chargé de haranguer François de Bourbon, duc de Montpensier, qui, en qualité de

diocèse d'Angers. Il fut d'abord religieux, puis abbé dans le diocèse de Toulouse, et syndic des États de la province. Louis de Bourbon, prince de Condé, le fit nommer en 1583 à l'évêché de Bayeux, dont il se réserva pour lui-même les revenus. Mathurin de Savonnières, qui n'avait ni la force ni les moyens de s'opposer à cette profanation des biens de l'Église, sortit de son diocèse et habita tour à tour Paris ou le Mans. A la prière de l'abbesse du Pré, il bénit la chapelle du Tertre. Il mourut à Paris en 1586, et fut inhumé à La Bretèche.

gouverneur de Normandie, présidait cette année-là aux États tenus à Caen (1). Peut-être toutefois sa petite cure de Neuville, à la porte de Caen, suffit-elle pour motiver ces honneurs qui lui appartenaient principalement à raison de sa grande réputation de savoir et d'éloquence.

Malheureusement il n'était pas destiné à rencontrer au Mans des jours plus paisibles que ceux passés par lui en Normandie. Il s'était empressé, aussitôt après la clôture du concile de Rouen, de venir prendre possession de son décanat, et dès le 17 juillet 1581, il fut installé dans l'église cathédrale. Dès le 13 et le 14 août 1581, Marguerin de La Bigne laissa voir trop clairement aux chanoines la raideur et l'inflexibilité de son caractère. En présidant l'assemblée capitulaire, il refusa obstinément de conclure selon la majorité des voix ; le chantre qui était le second dignitaire prit alors la présidence à la demande du chapitre et conclut conformément aux règles de toute assemblée délibérante. Ces premiers rapports si tendus étaient faits pour jeter du froid sur toutes les relations suivantes. Du reste, Marguerin de La Bigne fit en même temps une démarche qui pouvait plaire à la ville du Mans : il choisit pour son vicaire-général, au spirituel et au temporel, le chanoine Oudineau qui était connu dans toute la province, autant pour ses œuvres de charité que pour son talent d'orateur. Un usage qui avait force de loi, obligeait tout

______

(1) Huet, *Origines de Caen*, p. 416.—De La Monnoye, *Remarques sur la Bibliothèque françoise de La Croix du Maine.*

nouveau membre du chapitre de Saint-Julien à donner à l'église une chape précieuse ou une somme équivalente ; Marguerin de La Bigne offrit vingt et un écus et demi pour cette redevance. Le nouveau doyen entra, peu de temps après son installation, en procès avec le chapitre pour des intérêts matériels et pour quelques priviléges des chanoines qu'il ne respectait pas ; mais il paraît qu'il reconnut les droits qu'il avait d'abord violés, et les différends s'apaisèrent bientôt. Durant les trois ou quatre premières années de son décanat, Marguerin de La Bigne résida assez exactement au Mans, et remplit les devoirs de sa dignité avec ponctualité. Il officiait à toutes les fêtes de première classe dans l'église cathédrale, parce que l'évêque, qui était le cardinal Charles d'Angennes de Rambouillet, intimement uni à la famille des Guise et très-occupé des affaires de l'État, résida peu dans son diocèse, et fut même, durant quelque temps, chargé de représenter la France près du Saint-Siége. Le peuple du Mans profita de la science qu'avait acquise le doyen ; car il prêchait souvent dans la ville, et la station quadragésimale dont il se chargea en 1582, attira un nombreux auditoire autour de sa chaire. Il y avait alors au Mans un grand nombre de personnages lettrés ; le clergé et la magistrature rivalisaient de zèle pour les études sérieuses. Un homme capable d'apprécier le mérite de notre orateur, et qui dut le suivre avec assiduité (nous voulons parler du célèbre bibliographe Grudé de La Croix du Maine), nous a transmis le jugement que portèrent ses contemporains. Voici en quels termes il fait l'éloge des pré-

dications qu'il suivit au Mans et à Paris : « Mar-
« guerin de La Bigne, seigneur de Lambougne (1)...
« docteur en théologie à Paris ; premièrement cha-
« noine en l'Église de Bayeux, et maître d'école ou
« docteur scholastique en ladite Église, l'an 1580,
« et depuis grand doyen en l'Église du Mans, après
« la mort de François du Parc, son oncle maternel.
« Ce seigneur de La Bigne est fort docte en plu-
« sieurs arts et sciences, et surtout en la théologie,
« qui est sa principale profession. Il a composé
« plusieurs livres en latin, lesquels ont été im-
« primés à Paris, chez Michel Sonnius, l'an 1580,
« et entre autres sa *Bibliothèque des Théologiens
Grecs et Latins*, et autres œuvres dont je ferai
« mention autre part. Il a prononcé plusieurs ha-
« rangues très-doctes en notre langue françoise, et
« a fait plusieurs prédications, ou sermons, tant en
« l'église du Mans qu'en autres lieux, lesquels ne
« sont encore en lumière. Il florit au Mans cette
« année 1584, âgé d'environ trente-sept ou trente-
« huit ans... (2). »

Ce qui avait surtout assuré à Marguerin de La
Bigne cette réputation d'un homme très-docte,
c'était l'entreprise courageuse qu'il avait formée de
publier un vaste recueil des écrits des Pères de
l'Église. Il ne visait à rien moins qu'à tirer de la
poussière des archives où ils demeuraient presque

(1) Les papiers des Archives du chapitre du Mans portent
toujours « seigneur de La Motte de Lembosne ou Lambosne. »
Registre B-4. — La généalogie de la famille porte Lambosne.

(2) La Croix du Maine, *Bibliothèque françoise*, 1re édit., p.
307 ; édit. de Rigoley de Juvigny, t. II, p. 80.

inabordables pour l'immense majorité même des hommes d'étude, tous les écrits des docteurs de l'Église, tous les témoins de sa tradition depuis l'époque des Apôtres jusqu'aux temps les plus rapprochés du concile de Trente : projet immense et certainement au-dessus des forces d'un seul homme à toutes les époques, surtout dans un temps où une très-grande partie des ouvrages qu'il s'agissait de publier était à peu près introuvable. Mais qui avait pu faire naître un dessein aussi vaste et aussi ardu dans l'esprit de Marguerin de La Bigne ? un amour profond et éclairé de la religion attaquée de la manière la plus dangereuse par tous les efforts de l'hérésie. Las de dénaturer les dogmes et de séduire les peuples par des sophismes et l'interprétation adultère des saintes Écritures, les faux réformateurs du XVIe siècle, sentant bien d'ailleurs qu'ils n'ébranleraient pas l'Église tant qu'elle demeurerait sur le rocher solide des faits et de la tradition, et qu'ils n'établiraient jamais leurs doctrines à moins de paraître les rattacher par une chaîne non interrompue au berceau même du Christianisme, se retournèrent du côté de l'histoire, et entreprirent, pour la tirer à eux, de la soumettre à la même violence de falsification qu'ils avaient essayée sur la Bible. L'un d'eux, l'illyrien Francowitz, savant homme du reste, mais malheureusement dévoyé de la vérité, commença à Magdebourg avec la collaboration de quelques écrivains de son parti : Mathias, Haccius, J. Wigand, M. Judex, B. Faber, A. Corvinus et Th. Halzhuter ; il continua dans diverses villes et acheva d'imprimer à Bâle la fameuse histoire ecclésiastique désignée sous le nom de *Centuries de Magdebourg* (1), du nom de la ville où elle avait pris naissance et de l'ordre séculaire dans lequel elle était disposée. Elle embrassait, en autant d'in-f⁰ⁱ, les douze premiers siècles, dont elle faussait entièment l'histoire pour la tourner au profit de l'erreur et en arracher le bénéfice à l'Église romaine. A son apparition, ce monument d'imposture et d'audace fut salué par les cris de triomphe de tous les partisans de la prétendue réforme, et il servit longtemps d'arsenal à tous les controversistes engagés sous les drapeaux du protestantisme pour attaquer la vérité catholique.

Laurent Surius, de l'ordre des Chartreux, sentit tout aussitôt qu'il fallait combattre les hérétiques sur le terrain où ils s'étaient retranchés, leur arracher les armes de l'histoire dont ils s'étaient emparés par une audacieuse falsification, et les retourner contre eux après les avoir retrempées dans les sources de la vérité. La première nécessité dans la circonstance était de s'assurer de textes parfaitement authentiques et de récits incontestables. Francowitz et ses continuateurs avaient mutilé, défiguré et entièrement changé les décisions et les canons d'un grand nombre de conciles ; Surius entreprit et publia à Cologne, en 1567, la grande collection intitulée : *Concilia omnia*, en quatre volumes in-folio. C'est le germe premier d'un recueil qui, après de nombreux remaniements, a atteint

<hr>

(1) Les *Centuries de Magdebourg* parurent à Bâle, 1559-1574, 13 vol. in-f⁰, et à Nuremberg, 1657-65, 6 vol. in4⁰.

entre les mains du dernier éditeur, le docte Mansi, le nombre de trente et un volumes in-folio, et qui demanderait aujourd'hui d'autres développements encore.

Le savant chartreux n'avait pas eu de peine à remarquer aussi dans les *Centuries de Magdebourg* l'artifice avec lequel les vies des plus grands héros de l'Église avaient été travesties ; il se proposa d'opposer des récits sincères à ces histoires mensongères, et il commença en 1570 à publier, à Cologne, le recueil important qui porte pour titre *Vitæ Sanctorum* etc., et qui se compose de six volumes in-folio. Il ne put donner au public que les trois premiers volumes, ses travaux ayant été interrompus par sa mort. Il avait également entrepris une réfutation de l'*Histoire de la Réformation* par Sleidan, dans un ouvrage historique sur l'état de l'Allemagne depuis l'an 1500. Il n'y eut qu'une voix dans le camp des catholiques pour applaudir à ces utiles travaux et pour bénir l'esprit courageux qui les avait entrepris pour la cause sainte de l'Église et de la vérité historique. Leur efficacité fut surtout incontestable lorsqu'on vit des protestants avouer de bonne foi que les ouvrages de Surius leur avaient fait ouvrir les yeux sur les annales véritables du Christianisme et avaient déchiré le bandeau dont on avait essayé de couvrir leur vue.

Plusieurs années ensuite, saint Philippe Néri, qui venait de fonder à Rome la congrégation séculière de l'Oratoire, pour la défense de la foi, aussi bien que pour la propagation de la piété, reprit l'idée de Surius et voulut même serrer de plus près

les ennemis de l'Église. A son instigation, Baronius
d'abord, puis Raynaldi, entreprirent le beau monument connu sous le nom d'*Annales ecclesiastici*,
qui parut premièrement à Rome, de 1588 à 1607,
en douze volumes in-folio, et qui a été réédité à
Lucques, de 1738 à 1787, en trente-huit volumes
in-folio. Dans ce grand ouvrage, la doctrine et la
constitution de l'Église catholique sont vengées, et
leur invariabilité depuis le premier siècle jusqu'au
temps de Luther invinciblement démontrée. C'est
Baronius lui-même qui rapporte, dans la préface de
son troisième volume, l'origine de son ouvrage et la
part principale qu'y eut saint Philippe Néri. Dans
son humilité, le savant cardinal attribuait tout le
succès de ses *Annales* aux prières et aux mérites de
saint Philippe. Il fut grand, en effet, ce succès ; et il
suffit pour ruiner entièrement l'œuvre en tous sens
mauvaise des centuriateurs de Magdebourg, à ce
point que de nos jours surtout il n'est pas de pro-
testant sérieux en Angleterre et en Allemagne, qui
ne préfère hautement le travail accompli par le
prince de l'Église romaine à celui de ses propres
coreligionnaires.

Marguerin de La Bigne ne pouvait former un
dessein aussi vaste que le cardinal Baronius ; celui-ci
sentait que si la vie lui faisait défaut avant qu'il
eût terminé sa tâche, d'autres membres de sa congrégation poursuivraient son entreprise ; celui-là se
disait qu'il ne laisserait point de successeur et que
tout finirait avec lui. Dans son épître dédicatoire au
pape Sixte-Quint, le grand doyen du Mans affirme
d'ailleurs que la composition de ses ouvrages n'était

pour lui qu'une occupation secondaire. Il se proposait surtout d'annoncer la parole de Dieu du haut de la chaire, et l'avidité avec laquelle on se pressait dans les églises partout où il prêchait, mais surtout à Paris, l'encourageait à ne point négliger un ministère rempli de tant de consolations spirituelles et qui faisait espérer tant de fruits. Dans une autre épître dédicatoire au souverain pontife Grégoire XIII, en 1575, Marguerin de La Bigne nous apprend qu'il s'était proposé pour modèles les collections publiées avec tant de succès par Surius ; il va jusqu'à dire que les avantages obtenus par le savant chartreux de Cologne troublent son sommeil et ne lui laissent pas plus de repos que les trophées obtenus par Miltiade n'en laissaient à Thémistocle. C'est assez dire quelle ardeur il apportait dans ses études. Quoique son âme brûlât d'envie d'accomplir parfaitement le travail qu'il avait entrepris pour la gloire et l'avantage de l'Église, il ne se dissimulait pas néanmoins que les travaux de celui qu'il se proposait pour modèle devaient surpasser les siens autant que le religieux le laissait loin derrière lui à raison même de la vie de sainte abnégation qu'il avait embrassée.

Quoi qu'il en soit, en effet, et quoique le nom de Marguerin de La Bigne soit certainement moins universellement connu que ceux du père des Annales de l'Église et du premier collecteur des Actes des Saints, c'est déjà un grand honneur que de se voir si naturellement placé en la compagnie d'hommes aussi éminents que Surius, Baronius et saint Philippe Néri. Il eut même l'avantage de venir le second dans l'ordre des temps, et de prouver par des versions vraies des Pères et des écrivains ecclésiastiques, que tous les textes allégués par les adversaires de la communion catholique étaient faux, tronqués et détournés de leur sens naturel. Le recueil qu'il publia servit d'arsenal aux défenseurs des dogmes catholiques ; et depuis, les tuteurs de la doctrine protestante eux-mêmes se sont de plus en plus rapprochés des leçons adoptées par le grand doyen du Mans. Ainsi, dès l'année 1575, il commença à réunir en un seul corps un grand nombre d'ouvrages qui servent à la démonstration du dogme catholique. Telle fut l'activité avec laquelle il poussa son travail, qu'en 1578, c'est-à-dire en l'espace de trois ans, l'édition, qui se composait de huit gros volumes in-folio, fut entièrement terminée. Voici le titre de cette collection, devenue d'une grande rareté : *Bibliotheca Sanctorum Patrum supra ducentos, qua continentur illorum de rebus divinis opera omnia et fragmenta, quæ partim nunquam hactenus, partim ita ut raro jam extarent, excusa : vel ab hæreticis corrupta : nunc primum sacræ facultatis theologicæ Parisiensis censura satis gravi, sine ullo novitatis aut erroris fuco in perfectissimum corpus coaluerunt. Distincta in tomos octo, epistolarum, historiarum, moralium, liturgiarum, disputationum contra hæreses, commentariorum, homiliorum, poëmatumque sacrorum mixtim et tractatuum in pæne singula et fidei christianæ et scripturæ sacræ loca : illustrata virorum doctissimorum scholiis, observationibus, accurate annotatis ad marginem scrip-*

turæ lectionibus, vitis authorum cum eorum cata-
logo alphabetico et chronologia, biblicarum quoque
autoritatum et materiarum locupletissimis indi-
cibus. Parisiis, apud Michaelem Sonnium.

Marguerin de La Bigne dédia sa collection au
souverain pontife Grégoire XIII et au roi de
France Henri III. On voit, par les approbations
des docteurs qui se lisent en tête, que cette Bibliothèque avait été soumise à l'examen de la Faculté
de théologie de Paris tout entière, et qu'elle en
avait obtenu les suffrages les plus favorables.

Il était néanmoins impossible qu'un travail aussi
vaste, composé avec tant de rapidité, ne renfermât
pas un grand nombre de fautes. Ainsi un traité de
la Trinité et de la Foi, contenu dans le cinquième
volume, et attribué à Faustin, se trouve reproduit
tout entier à la fin du huitième comme l'œuvre de
Grégoire Boeticus. Si quelques docteurs remar-
quèrent ces méprises, le public en général applaudit
à la courageuse entreprise du docteur de Bayeux,
et ses amis s'empressèrent de lui signaler des ouvrages inédits des Pères et des écrivains ecclésiastiques. Il reçut ainsi les lettres et divers opuscules
de saint Pierre Damien. Lui-même, il découvrit,
dans un manuscrit de la bibliothèque du collége
de maître Gervais à Paris, un grand nombre de
lettres du bienheureux Hildebert, évêque du Mans,
puis archevêque de Tours, et quelques-unes aussi
de Marbode, évêque de Rennes. Réunissant ces
trésors venus de divers côtés, il en composa un
supplément à sa *Bibliothèque des Pères*, et le fit
paraître l'année suivante (1579) sous ce titre : *Petri*

Damiani S. R. E. cardinalis episcopi ostiensis , epistolæ et alia quæ extant opuscula, una cum S. Hildeberti cænomanensis primum pontificis, deinde turonensis archiepiscopi epistolis quæ nunc primum ex manuscriptis gymnasii Gervasiani codicibus exscriptæ et editæ sunt in Appendice ad sacram sanctorum Patrum Bibliothecam, per Margarinum de La Bigne , sacræ theologiæ doctorem , ad R. in Christo patrem, ac dd. Franciscum Parcensem, S.S. Apostolicæ prothonotarium, dominum in Chemiray , avunculum charissimum. — Parisiis , apud Michaelem Sonnium , via Jacobea sub scuto basiliensi. M. D. LXXIX.

Ce supplément n'est pas moins rare aujourd'hui que la *Bibliothèque des Pères* elle-même , et cette rareté a été cause d'une singulière erreur de la part de bibliographes regardés ordinairement comme des autorités de grand poids ; Cave (1) spécialement s'y est trompé, et il attribue à Marguerin de La Bigne, *Margarino Bignæo* , un livre qui porte pour titre : *Appendix ad Bibliothecam sanctorum Patrum qua poetæ christiani tum Græci, tum Latini continentur.* Parisiis, 1624. La date seule aurait dû prévenir le savant anglais que cet ouvrage n'était point du doyen du Mans. Quant au supplément publié par Marguerin de La Bigne, il mérite encore d'être consulté , et les annotations dont il est enrichi en quelques endroits témoignent d'une science profonde chez l'éditeur. Les recherches opiniâtres de Dom Constantin Cajetan de Syracuse , bénédictin

____

(1) *Historia litteraria,* t. 1.

de la congrégation du Mont-Cassin, et ses travaux sur les œuvres de saint Pierre Damien, ainsi que l'édition des œuvres du vénérable Hildebert par Dom Antoine Beaugendre, bénédictin de la congrégation de Saint-Maur, ont fait oublier le recueil publié par le docteur du XVIe siècle; mais son travail n'en a pas moins de mérite en lui-même et il ne fut point inutile aux savants qui, en 1606, 1608 et 1615 publièrent une partie des ouvrages du saint évêque d'Ostie.

Notre infatigable éditeur publia dans le même temps un ouvrage intéressant surtout pour les Églises de Sens et de Paris. Il est intitulé : *Statuta synodalia Ecclesiæ Parisiensis, seu* GALONIS, *cardinalis,* ODONIS *et* WILLELMI *Parisiensium episcoporum decreta; quibus adjecta sunt* PETRI *et* GALTERI, *Senonensium Archiepiscopórum Decreta : ad calcem Sancti Ludovici Pragmatica Sanctio, nunc primum edita, ad manuscriptorum fidem descripta, cura et studio* MARGARINI DE LA BIGNE. Parisiis, apud Michaelem Sonnium, 1578, in-8°.

En publiant ce livre et en lui donnant le titre qu'on vient de lire, Marguerin de La Bigne était sans doute dans la bonne foi; mais il se trompait étrangement. La Pragmatique-Sanction attribuée à saint Louis avait été publiée soixante-trois ans auparavant par Jean Du Thillet, premier greffier du Parlement de Paris, dans un ouvrage intitulé : *Mémoire et avis de M. Jean du Tillet..... sur les libertés de l'Église gallicane.* Mais cette publication, paraît-il, avait été peu remarquée, et l'on avait accordé peu d'attention à l'édit qui porte le nom de saint Louis et qui se trouvait relégué dans les pièces justificatives au milieu d'autres documents empruntés aux registres et aux archives du Parlement. La publication faite par le théologien normand fut plus remarquée du public, spécialement du public ecclésiastique, surtout après que l'éditeur eut reproduit ce document dans le grand ouvrage qui parut onze ans plus tard.

En examinant cet édit trop célèbre, on se demande comment Marguerin de La Bigne a pu croire à son authenticité. Aucun des historiens contemporains de saint Louis, en effet, ne parle de cette Pragmatique, et plus d'une occasion se présentait à eux de la mentionner s'ils l'avaient connue. D'ailleurs si les chroniqueurs du temps du saint roi pouvaient à la rigueur passer sous silence le fait de la Pragmatique, il était impossible que les avocats de Philippe le Bel dans ses démêlés avec le Siége Apostolique n'alléguassent pas cette pièce si importante pour la circonstance. Qui pourra croire que Boniface VIII eût accordé les honneurs de la canonisation à l'auteur d'un édit dont tout le but est hostile à la papauté? Comment se fait-il que cette Pragmatique n'est mentionnée pour la première fois qu'au XVᵉ siècle, au moment précis où le roi Louis XI en avait besoin pour seconder ses desseins d'accommodement avec Rome? Moins de trente ans après son apparition, elle était alléguée devant le Parlement de Paris, en 1491, comme une pièce douteuse, ce qui veut dire, vu les circonstances, comme un acte faux et supposé. Le style dans lequel elle est conçue et les formules de la chancellerie qui y sont employées, sont également étrangers aux habitudes du XIIIe siècle. Les officiers royaux y sont désignés sous des noms qu'ils ne portaient pas au temps de Louis IX, et le caractère du saint roi lui-même est en contradiction flagrante avec le langage qu'on lui fait tenir dans cette pièce qui, véritablement, ne soutient pas l'examen, qu'on la considère sous ses traits intrinsèques ou extrinsèques (1).

Non-seulement l'édition de la Pragmatique publiée par Marguerin de La Bigne était postérieure à celle de Du Thillet, mais elle en différait essentiellement ; car elle était moins complète et ne contenait point le cinquième article qui suffirait à lui seul pour prouver que cet édit ne peut être que l'œuvre d'un faussaire et d'un jurisconsulte maladroit du XVe siècle. Bossuet, qui s'était mis dans la nécessité de défendre l'authenticité de cette pièce apocryphe contre les solides raisons que lui opposait Charlas, chercha à expliquer la version donnée par le doyen du Mans et sembla même vouloir s'y attacher uniquement ; mais toute son éloquence et son habileté ne pouvaient rendre bonne une cause

(1) Ant. Charlas, *Tractatus de libertatibus Ecclesiæ Gallicanæ*, lib. I, cap. xv, n°s 7, 8 et seq.—Thomassin, *Discipline de l'Église*, t. II, col. 872, édit. 1725.—Roncaglia, notes sur l'*Histoire ecclésiastique* de Noël (Alexandre), t. VIII, p. 254, édit. 1762.—R. Thomassy, *De la Pragmatique-Sanction* attribuée à saint Louis. Paris, 1844.—Berleur, *Étude sur la Pragmatique-Sanction de saint Louis*. Louvain, 1848.—Rosen, la *Pragmatique-Sanction qui nous est parvenue sous le nom de Louis IX*, roi de France. Munster, 1855 (en allemand). — Ch. Gérin, *Mémoire historique sur la Pragmatique-Sanction attribuée à saint Louis*. Paris, 1863.

mauvaise dans tous les sens (1). Il est malheureux pour Marguerin de La Bigne de s'être laissé surprendre par l'imposture d'un faussaire, et l'avantage d'avoir été défendu par le plus éloquent des orateurs qui fut jamais ne saurait effacer l'infortune d'avoir publié un document supposé, mais dont se sont emparés néanmoins tous les ennemis de l'Église.

Il faut que l'erreur de Marguerin de La Bigne lui ait été signalée presque aussitôt, car en reproduisant cette pièce supposée dans sa seconde édition de la *Bibliothèque des Pères*, dix ans après, il plaide avec adresse, mais sans succès possible, en faveur de sa cause. Il ose même adresser son apologie au Souverain Pontife lui-même. A la manière dont s'exprime notre savant, on voit que le document apocryphe avait été attaqué par ses contemporains, et cette raison serait encore une preuve de plus contre son authenticité, puisqu'il ne put jamais être produit sans élever aussitôt des protestations de la part des hommes doctes et vraiment attachés à l'Église.

La rapidité avec laquelle s'était écoulée la première édition de la Bibliothèque des Pères, mit Marguerin de La Bigne en état d'en donner une seconde édition en 1589. Voici le titre de cette seconde édition, qui n'est pas aussi rare que la première, mais qui mérite néanmoins d'être recherchée : *Sacræ Bibliothecæ Sanctorum Patrum, seu scriptorum ecclesiasticorum probabilium, tomi novem, numeris et modis omnibus locupletati, cas-*

____

(1) Bossuet, *Gallia Orthodoxa*, part. III, lib. XI, cap. IX.

tigati, per Margarinum de La Bigne, *ex alma Sorbonæ schola theologum doctorem Parisiensem. Editio secunda. Parisiis*, 1589. Cette édition est dédiée à Sixte V ; et dans son épître au Pontife, le doyen du Mans relève les prérogatives du Siége Apostolique, ainsi qu'il l'avait fait dans la première édition, en s'adressant à Grégoire XIII. En tête se voit une approbation de trois théologiens de la faculté de Paris des plus savants et des plus autorisés. Les deux premiers ont laissé des noms justement célèbres : le premier est Gilbert Génébrard, de l'ordre de Saint-Benoît, archevêque d'Aix (1) ; le second est François Feuardent (2), de-l'ordre de Saint-François, et le troisième Jean Dadré, pénitencier de l'église de Rouen et ancien syndic général de l'église gallicane. Ces trois docteurs au reste ne se contentèrent pas d'approuver la collection et les annotations de Marguerin de La Bigne, mais ils décernèrent à l'ouvrage des éloges extraordinaires en pareille circonstance (3). Sur leur rapport, la

(1) Gilbert Génébrard a laissé plusieurs ouvrages importants ; mais son noble caractère, son attachement à la foi catholique pour laquelle il souffrit tant de persécutions, lui font encore bien plus d'honneur. Henri IV témoigna l'estime qu'il faisait de ce grand caractère, et saint François de Sales se glorifiait d'avoir été son disciple.

(2) François Feuardent ne fut guère moins célèbre que Génébrard comme prédicateur de la Ligue ; le chapitre du Mans l'invita à prêcher la station quadragésimale dans l'église de St-Julien, et il le fit avec succès ; mais après le triomphe de Henri IV, il tourna au royalisme, et, par l'intermédiaire du cardinal d'Ossat, il reçut une pension de la cour.

(3) L'approbation des trois docteurs mérite, il nous semble,

sacrée Faculté de théologie accorda son approbation
en forme le 1ᵉʳ mars 1589. Tous les ouvrages qu'elle
contient sont rangés en neuf classes dans l'ordre
suivant : commentaires sur l'Écriture Sainte ; ho-
mélies des saints Pères sur le dogme et l'Écriture ;
lettres ; opuscules polémiques contre les hérésies ;
œuvres parénétiques ; liturgie et discipline ; histoires ; poèmes ; et opuscules polygraphes. On trouve
dans cette seconde édition beaucoup de lettres de
Hildebert, et quelques autres de ses ouvrages qui
n'avaient pas encore été imprimés. Les premiers
volumes ne renferment guère que des écrivains des
premiers siècles ; mais les derniers en contiennent
de très-récents ; par exemple, la profession de foi que
Moyse Mardenus, Syrien jacobite, légat du pa-

d'être rapportée textuellement. « Nos subsignati , sacræ facul-
tatis Theologiæ Parisiensis, Doctores : Gilbertus Genebrardus
Hebraïcarum et Græcarum Litterarum Regius professor et
Interpres ; Franciscus Feuardentius, Scripturæ Sacræ in Con-
ventu Fratrum Minorum Parisiens, Prælector, et Joannes
Dadræus, pœnitentiarius Rothomagensis, nuper vero Ecclesiæ
Gallicanæ totius syndicatu perfunctus : perlegimus diligenter,
Bibliothecæ veterum patrum seu scriptorum Ecclesiasticorum
Tomos novem ab eruditiss. ex alma Sorbonæ schola Parisiensi
Theologo, D. MARGARINO DE LA BIGNE, Cœnomanensis Ecclesiæ
Decano, modis et numeris multis castigatos, locupletatos
editione secunda : in quibus nihil non pium , non catholicum
vel a S. R. E. dissentiens, plurima vero quæ ad venerandæ
antiquitatis , pietatis , eruditionis , et disciplinæ commenda-
tionem, et observationem conferant diligenter coacervata , et ,
ne cui obesse possint, verum prosint divinæ philosophiæ stu-
diosis omnibus, religiose præmunita. » (Parisiis Kalend. Aprilis
1589.—GILBERTVS GENEBRARDVS.—FRANCISCVS FEVARDENTIVS.—
JOANNES DADRŒVS.)

triarche d'Antioche , prononça à Rome en son nom
propre et au nom de son patriarche en 1552 , et un
autre opuscule du même auteur sur la Trinité ; la
profession de foi que Sind ou Sulaka, élu patriarche
par les Nestoriens , fit à Rome , de vive voix et par
écrit, en 1553. Cette Bibliothèque est, comme la
première, accompagnée de quatre tables. Plusieurs
des ouvrages qui se lisaient dans la première édition
ne se trouvent plus dans la seconde ; en revanche,
on y rencontre plusieurs écrits que ne renfermait
pas la première.

Dans la préface de cette seconde édition, Marguerin de La Bigne demande grâce pour les fautes
qui lui sont échappées ; et il avoue que ses erreurs
et ses inadvertances se sont reproduites en si grand
nombre dans la première édition, qu'il n'ose espérer
l'indulgence des lecteurs. Il est certain qu'un travail
aussi vaste que le sien , entrepris pour la première
fois , ne pouvait guère être irréprochable sous le
rapport de la critique ni sous celui de la correction
des textes.

En donnant à l'établissement des textes plus de
soin que dans la première édition de la *Bibliothèque*,
Marguerin de La Bigne avait accompli un devoir
essentiel pour tout éditeur ; mais il avait négligé
l'examen attentif de quelques-uns des ouvrages
admis par lui dans son recueil, et son œuvre tout
entière en fut viciée. Il reproduisait dans le sixième
volume de cette seconde édition la fameuse Pragmatique-Sanction attribuée à saint Louis , et même il
essayait d'en défendre l'authenticité. Dans cette
nouvelle édition, du reste, le faux décret de Louis IX

ne contient point le cinquième article. Bien d'autres éditeurs des monuments de la tradition ecclésiastique, et nous citerons en particulier les PP. Labbe et Cossart, et même Mansi, dans leurs grandes collections des conciles, ont reproduit la fameuse Pragmatique sans encourir aucune note de blâme de la part de l'autorité hiérarchique; c'est qu'ils avaient eu soin de l'accompagner d'éclaircissements propres à faire voir la fausseté originelle du document. Il semble évident, du reste, que la publication de la Pragmatique ne fut point la cause de la disgrâce qui tomba sur la *Bibliothèque des Pères.*

Par une erreur plus fâcheuse encore, la *Bibliothèque des Pères* reproduisait jusqu'à deux fois les œuvres de Nicolas de Clemangis; tache déplorable dans un aussi beau monument. Ce n'est pas que l'archidiacre de Bayeux avance aucune proposition formellement hérétique, mais ses ouvrages sont remplis de maximes fausses et favorables au schisme. Il se rencontre, surtout dans ses traités *De corrupto ecclesiæ statu, De præsulibus simoniacis,* et *De Annatis non solvendis,* un grand nombre de principes dont les hétérodoxes et les schismatiques ont continuellement abusé. Esprit aigri par les calamités qu'endurait la société religieuse et civile à son époque, et d'ailleurs plus littérateur que théologien, Nicolas de Clemangis, comme son ami Jean Gerson, s'est laissé emporter à des déclamations exagérées contre les chefs de la hiérarchie, et les ennemis de l'Église n'ont pas manqué de les tourner contre la hiérarchie elle-même, comme si les fautes des individus quels qu'ils soient pouvaient porter préjudice aux institutions établies par une autorité divine, mais remises entre des mains mortelles. Et d'ailleurs il est certain que Nicolas de Clemangis, fermant les yeux sur tout un côté lumineux de son siècle et de la société ecclésiastique et religieuse au milieu de laquelle il vivait, a peint avec des couleurs trop sombres son époque, individus et institutions. Ses principes non plus ne sont pas toujours sûrs au point de vue de l'orthodoxie, comme lorsqu'il propose de remettre aux princes la décision des difficultés qui divisaient alors l'Église ; aussi a-t-il justement mérité d'être inscrit sur l'*Index* des auteurs défendus. Marguerin de La Bigne éprouva le même sort, sans doute pour avoir reproduit des livres aussi dangereux ; car dans ses préfaces, il se montre très-soumis et très-dévoué au Siége Apostolique. En 1607, Jean-Marie Brasichellani, maître du palais apostolique, publia un volume sorti de la typographie de la Chambre apostolique, et qui est depuis longtemps d'une rareté extrême, dans lequel sont indiquées comme défendues la première et la seconde édition de la Bibliothèque des Pères de Marguerin de La Bigne. Brasichellani fait voir que le doyen du Mans a admis dans sa collection comme authentiques plusieurs ouvrages apocryphes et remplis de fables. Un autre *Index*, publié à Madrid en 1612 par l'Inquisition espagnole, reproduit à Gênes en 1619, et rédigé par Bernard de Sandoval, met la seconde édition de la Bibliothèque des Pères au nombre des livres dont la lecture est interdite. Pas un seul volume n'est excepté de l'arrêt. Dans un nouvel *Index* publié à Madrid en 1640, par Antoine de Soto Major, la Bibliothèque des Pères de Marguerin de La Bigne est encore signalée comme un ouvrage dont la lecture est défendue.

On ne saurait taxer d'une trop grande rigueur les gardiens officiels de l'orthodoxie qui inscrivirent sur la liste des livres dont la lecture présentait des dangers pour la foi, la *Bibliothèque des Pères* publiée par Marguerin de La Bigne. Son ouvrage d'ailleurs n'est condamné que jusqu'à ce qu'il soit corrigé, et ensuite les intentions du pieux et savant éditeur sont mises au-dessus de tout soupçon. Elles sont d'ailleurs attestées par les dédicaces aux souverains pontifes Grégoire XIII et Sixte V, dédicaces si remplies de soumission pour les oracles de la Chaire apostolique, et de dévouement filial pour les successeurs de saint Pierre (1). Mais l'on vivait à l'une de ces époques où les dangers pour la foi sont extrêmes : depuis un siècle environ l'hérésie attaquait le dogme catholique sous toutes les formes et par tous les moyens. Aussi l'Église, qui de tout temps a signalé à ses enfants les piéges tendus à la

(1) Marguerin de La Bigne, dans sa dédicace à Sixte V, cherche à se justifier d'avoir reproduit les œuvres de Nicolas de Clemangis ; il soutient que ces ouvrages n'ont pas été condamnés par l'autorité compétente, et c'est une preuve que lui-même sentait le danger qu'il y avait à propager des écrits semblables. Si, au lieu de se défendre, Marguerin de La Bigne avait exposé les principes et en avait fait voir la fausseté et le péril, jamais il n'aurait été condamné pour cet ouvrage. L'Église, qui aime la lumière, n'a de haine que pour l'erreur, et elle approuve que l'on expose les doctrines fausses, même hétérodoxes, pourvu qu'on en fasse voir le danger et le mensonge.

pureté de la doctrine, sembla redoubler de soin et de vigilance. En 1546 l'Université de Louvain; en 1556 les docteurs de Paris; en 1559 les docteurs de Valladolid et, les années suivantes, d'autres universités orthodoxes publièrent des listes pour signaler les ouvrages contenant des principes mauvais ou dangereux. En même temps, Paul IV, en 1558, et saint Pie V, en 1565, organisèrent la congrégation de l'*Index* à Rome, et le concile de Trente formula les règles qui servent de loi en ces matières. En infligeant une note défavorable, quoique la plus douce de toutes, à la *Bibliothèque des Pères* publiée par Marguerin de La Bigne, les vigilants gardiens de la doctrine prévinrent peut-être d'immenses malheurs; car si les faux principes contenus surtout dans les écrits de Nicolas de Clemangis avaient pu se répandre impunément sous le couvert d'un docteur orthodoxe et d'une faculté aussi autorisée que la faculté de Théologie de Paris, qui avait loué et approuvé la collection du doyen du Mans, peut-être aurait-on vu les erreurs qui servent de fondement à l'hérésie constitutionnelle prévaloir plusieurs siècles avant leur apparition définitive, et dans des circonstances beaucoup plus remplies de périls encore. En frappant ces principes qui soumettraient l'Église dans l'exercice de son autorité et dans le développement de son action au pouvoir séculier, la congrégation romaine de l'*Index* fermait la voie à une doctrine empoisonnée qui a reparu deux siècles plus tard, et avec quelles funestes conséquences pour la société religieuse et civile! Des plaies encore saignantes l'attestent aux yeux de tous les hommes de foi. Quant à Marguerin de La Bigne, s'il avait assez vécu pour être témoin de la sentence portée contre la *Bibliothèque des Pères*, il n'y a nul doute qu'il aurait donné l'exemple éclatant d'une soumission complète ; les sentiments qu'il avait exprimés aux Souverains Pontifes en sont les garants. Il aurait exécuté le premier ce que ceux qui sont venus après lui dans la même voie ont fidèlement accompli.

Tous ceux, en effet, qui depuis 1575 et 1589 ont réédité la *Bibliotheca maxima Patrum* ont reconnu la filiation qui les rattache au grand doyen du Mans, et ont inscrit son nom en tête de l'ouvrage ; Galland et M. Migne sont les premiers qui aient dérogé à cet usage traditionnel. « Il y a cent ans, écrivait, en 1687, le docte Philippe Desportes, docteur de Sorbonne, que Marguerin de La Bigne, très-illustre docteur de l'Académie de Paris, homme très-instruit des antiquités ecclésiastiques, publia à Paris la première édition de la *Bibliothèque des Pères anciens et des écrivains ecclésiastiques*. Cette collection fut reçue du public avec un tel empressement, qu'en un petit nombre d'années il fallut la réimprimer. Une troisième édition parut à Paris en 1610. » L'approbation qui fut donnée à cette dernière édition mérite d'être remarquée en ce qu'elle contient un très-bel éloge de Marguerin de La Bigne et de son travail, écrit et signé par le fameux André du Val, l'une des plus pures gloires du clergé français dans la première moitié du XVIIe siècle (1).

(1) Nos subsignati doctores... recensuimus editionem novam

Cette collection qu'André du Val déclarait entreprise et achevée par Marguerin de La Bigne « au grand avantage de l'Église », fut reprise par une société de docteurs en théologie et fut publiée à Cologne en 1618, sous ce titre *Magna Bibliotheca veterum Patrum*. Elle se composait de quatorze volumes in-folio. Les docteurs qui l'avaient préparée y avaient apporté de notables changements : ils avaient suivi l'ordre chronologique dans la disposition des ouvrages, tandis que Marguerin de La Bigne, conduit par sa première pensée, qui était de réfuter les Centuriateurs de Magdebourg, les avait rangés selon l'ordre des matières. On s'accorde généralement à regarder le système suivi à Cologne comme plus commode, et il a fait loi pour tous les éditeurs qui sont venus ensuite. Les docteurs allemands avaient aussi ajouté beaucoup plus de notes en tête de chaque livre reproduit ou à la marge, et ces indications sont généralement très-utiles pour guider le lecteur. Ce n'est pas que Marguerin de La Bigne eût négligé ces points de repaire, mais ils étaient nécessairement moins nombreux dans son travail. Il avait même ajouté des annotations qui auraient pu former des publications séparées, comme une vie de Robert Sorbon, composée par lui. Les docteurs de Cologne avaient enrichi la *Bibliothèque des Pères* de près de cent ouvrages nouvellement mis au jour. Leur travail servit nécessairement de

Bibliothecæ... jam olim opera et industria clarissimi viri Margarini de La Bigne... magno ecclesiæ bono collectæ ac in uno redactæ...

modèle aux éditeurs suivants, comme ceux de Paris qui, en 1654, publièrent un recueil compris en dix-sept volumes in-folio, et ceux de Lyon qui, en 1677, firent paraître vingt-sept volumes, auxquels dom Nicolas Le Nourry et Simon de Sainte-Croix ajoutèrent des *Apparatus* et des *Index* d'une grande utilité.

Nous ne parlerons point de la savante collection publiée par André Galland, à Venise, en 1765-81, en quatorze volumes in-folio ; ni de la riche bibliothèque que continue d'éditer M. Migne avec un courage digne des plus grands éloges. Le nombre des traités des saints pères et des écrivains ecclésiastiques que ce dernier surtout a fait entrer dans son important répertoire s'est immensément accru. Avec les moyens que l'industrie moderne met à sa disposition, et, disons toute la vérité, avec un dévouement sans pareil, l'éditeur de Mont-Rouge a pu accomplir une œuvre qui eût étonné Marguerin de La Bigne ; et néanmoins ce sont deux esprits de même famille ; le doyen du Mans peut réclamer la gloire, et cette gloire n'est pas petite, d'avoir ouvert la voie à ces reproductions de la tradition catholique, qui affermissent dans leurs croyances les enfants de l'Église catholique et confondent l'hérésie.

En contemplant ces imposants monuments littéraires et sacrés, on aimerait à voir les hommes doctes qui les ont élevés, jouir d'une existence heureuse et honorée ; il n'en fut pas ainsi pour Marguerin de La Bigne. Dans ses dernières années surtout, il se livra en proie au démon de la chicane ;

il suscita des procès sans nombre au chapitre du Mans et à l'abbaye de la Couture. On voit par les détails de ces affaires que Marguerin de La Bigne possédait dans le diocèse du Mans, outre sa dignité de doyen, la cure de Neuvillette, dans l'archidiaconé de Laval, et le doyenné d'Évron, cure qui était à la présentation du chapitre de Notre-Dame de Sillé-le-Guillaume (1). Il devait donc à ce double titre résider dans le diocèse. Il n'en fit rien cependant, et depuis l'année 1585, il habita presque constamment Paris. Cette absence continuelle eut pour lui de fâcheuses suites. Il est constant, par les conclusions capitulaires du 1er juillet 1591, que les biens qui formaient la dotation du doyen du Mans, et qui étaient considérables, comprenant en particulier le beau fief de Saint-Gilles-des-Guérets, avaient été saisis par les magistrats et étaient en bail judiciaire. Dans ses réunions générales des 24 octobre 1591, 31 août 1592, 9 septembre et 20 octobre 1593 et du 24 octobre 1594, le chapitre fit citer le doyen à venir occuper sa place ; et comme il était absent depuis très-longtemps, qu'il ne remplissait aucune de ses fonctions, qu'il manquait spécialement à *l'oraison synodale* qu'il devait prononcer deux fois par an, on prit acte de tous ces défauts, et il fut averti que les chanoines étaient résolus à le poursuivre par les voies de droit, s'il ne se rendait pas à leurs justes représentations.

(1) Selon le Pouillé du diocèse du Mans de 1772 (Ms. à la bibliothèque du Mans), la cure de Neuvillette était d'un revenu de huit cents livres. Mais on sait que ces estimations étaient toujours inférieures aux revenus réels.

Marguerin de La Bigne avait donné au chapitre d'autres sujets de mécontentement. De sa propre autorité , sans avoir consulté les chanoines , il avait fait démolir plusieurs maisons dépendant du doyenné. Le corps ainsi provoqué.montra une vive indignation. La mésintelligence prit une nouvelle vigueur à l'occasion de l'incendie de l'église cathédrale. Le 3 mai 1583 la foudre tomba sur l'église de St-Julien ; la charpente du chœur et de la croisée fut consumée ; le 8, l'incendie durait encore. Lestoile, dans son *Registre-Journal du règne de Henri III,* signale cet événement comme ayant produit une vive sensation dans le royaume entier. Les voûtes se trouvèrent ébranlées par la violence du feu , et il fallut transférer la célébration des offices dans la nef. Le chapitre écrivit au roi, premier chanoine de l'église du Mans, et à tous les princes pour leur demander des secours, et les prier de venir en aide afin d'empêcher la ruine de l'un des plus beaux édifices du royaume de France. Les chanoines s'imposèrent eux-mêmes de la manière la plus généreuse ; les chapelains de St-Michel offrirent libéralement cent livres, somme énorme pour l'exiguité de leurs revenus ; le cardinal Charles de Rambouillet, à la nouvelle du sinistre , envoya aussitôt de Rome une offrande de mille écus. Avec tous ces secours, il fallut encore que le chapitre s'imposât durant quelque temps de rudes sacrifices, tant le désastre avait été terrible. Mais l'élan fut universel , personne ne se plaignit des privations qu'il s'imposait de bon cœur pour venir au secours de la vénérable basilique. Il n'y eut qu'une seule exception dans cette rivalité de dévouement, et ce fut malheureusement le grand doyen qui refusa de concourir à cette œuvre de piété et de patriotisme.

Indignés de cette conduite, les membres du chapitre résolurent, dès le 4 novembre suivant, de diriger des poursuites judiciaires contre le doyen, et ils cessèrent aussitôt de lui envoyer, selon la coutume, le présent qu'ils lui offraient au commencement de chaque année, et qui consistait en quatre chapons (1). Toutes ces démarches du chapitre n'obtinrent aucun résultat. Enfin, le 7 avril 1597, qui était le samedi saint, Marguerin de La Bigne se rendit à l'assemblée des chanoines réunis dans le vestiaire, et leur déclara qu'il voulait officier le lundi de Pâques ; cette proposition fut fort mal accueillie ; on répondit au doyen que telle n'était pas l'intention du chapitre ; qu'il n'était pas cha-

---

(1) L'habitude du chapitre du Mans d'envoyer chaque année un présent à plusieurs personnages, et la nature de ce présent, sont des traits de mœurs qui méritent d'être remarqués. Voici, d'après le mémoire qui fut présenté au chapitre, le 4 janvier 1603, quels furent les dons offerts, et les personnages qui les reçurent : six chapons au chancelier, quatre chapons et quatre bougies au premier président, quatre chapons au procureur général, quatre chapons au doyen (François Le Vayer, qui durant tout son long décanat habita Paris, mais qui du moins n'inquiéta pas les chanoines), quatre chapons à chacun des avocats du roi, deux chapons à M. Choppin, deux chapons à M. Dagues, pareil nombre à M. Amy, procureur, à M. Lallemant, avocat du conseil, à M. Gennis, solliciteur, à M. Froger, et à M. Cohon distributeur. Quelquefois le chapitre ajoutait à ces chapons et à ces bougies une certaine quantité de prunes de Damas comme en 1576.

noine, que sa dignité de doyen ne lui donnait pas le droit qu'il voulait s'arroger, et qu'il ne pouvait même officier que par commission spéciale du chapitre. On lui représenta que depuis douze ans (il paraît même que l'on dit quinze ou seize ans, ce qui n'était pas exact), il n'avait pas paru dans l'église du Mans, ainsi que son devoir l'exigeait ; on lui rappela les procès dont il avait fatigué le chapitre et l'abbaye de la Couture, et enfin on lui refusa l'honneur qu'il semblait exiger.

Peut-être les mécontentements du chapitre du Mans contre le grand doyen étaient-ils encore échauffés par le parti qu'il avait embrassé durant les troubles religieux ; troubles trop récents encore pour que les blessures reçues de part et d'autre fussent entièrement cicatrisées. La faction des politiques à laquelle il appartenait ne comptait que très-peu d'adhérents au Mans ; tout ce qu'il y avait de plus considérable dans la ville et spécialement dans le clergé était énergiquement prononcé pour les principes défendus par la Ligue avant l'abjuration de Saint-Denis en 1593, et surtout l'absolution de septembre 1595. C'est l'un des caractères les plus déplorables des divisions religieuses et politiques dans un état de créer des antipathies et des aversions qui survivent longtemps, même après le rétablissement de la paix. On en vit un exemple très-remarquable au Mans, lorsque Claude d'Angennes de Rambouillet vint prendre possession du siége épiscopal ; il ne trouva d'abord que répulsion, malgré des qualités éminentes, la position de sa famille si puissamment établie dans le Maine et le souvenir du grand cardinal de Rambouillet , son frère, auquel il succédait. Nonobstant toutes les séductions de sa personne et son immense talent, il n'entraîna presque personne dans le parti auquel il avait donné des gages. Soit que Marguerin de La Bigne eût modifié ses premiers sentiments ; soit, ce qui est plus vraisemblable, qu'il n'eût jamais apporté une grande ardeur dans les luttes que se livraient les partis, il fut admis au Mans dans la société la plus distinguée où lui donnait rang sa naissance et sa position ; on le voit intimement lié avec les familles les plus prononcées dans le sens de la Ligue. Nous en trouvons la preuve dans les registres de baptême de la paroisse du Crucifix au Mans, où nous lisons ce qui suit : « Le XVIIe no-« vembre 1582, fut baptizé Robert, filz de Me An-« thoine Mariette. Parrains , vénérable et scien-« tiffique Me Margarit de La .Bigne, docteur en « théologie et grand doyen du Mans, et Me Robert « Garnyer, licencié ès droicts, lieutenant criminel « au siége présidial du Mans : maraine, honorable « femme Renée Quelain, espouse de Monsieur le « procureur du roy audit siége. » Maître Robert - Garnier dont parle l'acte précédent n'est point un inconnu ; c'est au contraire l'une des plus grandes célébrités littéraires du Maine ; Du Verdier, en sa *Bibliothèque* (1), en parle en ces termes : « Robert Garnier, lieutenant général criminel au siége pré-sidial et sénéchaussée du Maine, sur tous les genres de poèmes, a choisi le tragique, pour s'y adonner

(1) T. III, p. 417, éd. de Rigoley de Juvigny.

entièrement , auquel il a si doctement et gravement écrit , qu'il surpasse tous ceux qui s'en sont voulu mêler ; voire semble ne céder aux Grecs , lesquels il a imités , mais si bien que , s'ils étoient vivans , on ne sauroit juger s'ils auroient emprunté de lui , ou lui d'eux... » Tous les contemporains de Garnier parlent de lui sur le même ton, et de nos jours M. Hauréau et plusieurs critiques affirment qu'il est « l'une des gloires de la France (1). » Mais ce qu'il nous importe de constater en ce moment, c'est que Robert Garnier fut l'un des plus fermes et des plus avancés soutiens du parti catholique dans la province du Maine et spécialement dans la ville du Mans. Marguerin de La Bigne n'eut donc rien à souffrir pour ses opinions politico-religieuses ; ses relations de société lui ouvraient toutes les portes et lui assuraient la considération la plus universelle.

Mais le chapitre avait contre le grand doyen des griefs d'une autre nature et l'accueil qu'il lui fit n'était point propre à lui annoncer ces jours calmes et tranquilles que demande la culture habituelle des lettres. Aussi Marguerin de La Bigne prit aussitôt la résolution de ne plus fixer son séjour au Mans ; il se hâta de regagner Paris, où il mourut du 20 au 23 novembre suivant, à l'âge de cinquante-un ou cinquante-deux ans. La nouvelle de sa mort fut apportée aux chanoines du Mans le 25 du même mois. Contrairement à l'usage de presque tous ses prédécesseurs, il ne léguait rien à l'église cathédrale ; aussi son nom ne se trouve-t-il pas sur le

______

(1) *Histoire littéraire du Maine*, t. IV, p. 1.

Nécrologe du chapitre du Mans. Nous aurions été curieux de connaître s'il était sur celui de la cathédrale de Bayeux ; mais ce monument n'existe plus (1).

Un poète fameux dans l'Université de Caen, Antoine Halley, a célébré dans ses vers les mérites du grand doyen du Mans (2). Homme d'école et d'enseignement, le poète insiste surtout sur les succès que Marguerin de La Bigne obtint dans les luttes académiques et sur les livres qu'il a composés. Pour nous, qui arrivons après une révolution de près de trois siècles, nous ne pouvons guère envisager ce personnage vraiment original que sous ce double aspect. Et toutefois le rôle qu'il ambitionnait, celui qui le signala le plus aux yeux de ses contemporains, celui qui l'aurait certainement conduit aux plus hautes dignités dans l'Église et dans l'État si ses jours n'avaient pas été abrégés, c'était celui d'un puissant orateur. Il est certain que c'est à la

(1) C'est à l'obligeance de M. Léopold Delisle que nous devons ce renseignement.

(2) Voir les *Opuscules* d'Halley, fol. 7 et 8, et J. Hermant, *Histoire du diocèse de Bayeux*, p. 443. Au reste voici ces vers :

> Doctorum par nobile Bignius alter
> Viria quem dudum fausto partu edidit, igneis
> Urbs fœta ingeniis, artes Academia sanctas
> Hæc docuit, laureis et cinxit tempora baccis
> Purpureoque humeros Rectoris vestiit ostro
> Sorbona, et titulum sapientis habere magistri
> Huic dedit, æternumque decus, famamque perennem
> Immensus peperit labor, illa utilis orbi
> Bibliotheca Patrum.

chaire qu'il consacra la plus grande partie de sa vie
et de ses forces ainsi qu'il l'écrit lui-même au Sou-
verain-Pontife Grégoire XIII. Quoique tout ce côté
de sa physionomie nous échappe complètement
puisque ses sermons et ses discours n'ont pas été
conservés, et que d'ailleurs la meilleure partie de
l'orateur consiste dans l'action, nous pouvons encore
justement honorer la mémoire de Marguerin de La
Bigne parce qu'elle se trouve consacrée par les services qu'il a rendus à la religion et aux lettres.

Caen. — Typ. Le Blanc-Hardel